Jean-Pascal Ansermoz

Selbstfürsorge

Zum Buch

Du bist genug. Du bist sogar alles, was du brauchst.

Verbringst du deinen Tag damit, den Erwartungen und Anforderungen anderer gerecht zu werden, während du versuchst, mit deinem Stress umzugehen? Hast du Mühe, Nein zu sagen, und machst deswegen mehr, als gut für dich ist? Bleibt irgendwo dieses unangenehme Gefühl, auf der Stelle zu treten?

Stell dir vor, du könntest für dich da sein, wie du für andere da bist. Stell dir vor, dir wäre es möglich, das Leben in vollen Zügen zu geniessen, weil du im Alltag achtsam mit dir umgehst, dich so akzeptieren kannst, wie du bist, und auch danach handelst. Stell dir vor du würdest Platz für neue Dinge schaffen können, die dir Freude machen und Kraft geben.

Dieses Buch gibt dir eine praktische Hilfe, wie du für dich sorgen kannst. Und nein, du musst nicht dein ganzes Leben umkrempeln. Nur das, was du willst. Oder eben nicht mehr willst. Das Wundermittel dafür heisst Selbstfürsorge.

Zum Autor

Jean-Pascal Ansermoz wurde als Schweizer im September des Jahres 1974 in Dakar (Senegal) geboren. Er ist einer, der mit Leichtigkeit über den Röschtigraben springt, schrieb er doch bis 2009 nur in französischer Sprache. Weltenbürger, Romand und Deutschschweizer in einem: ein Autor mit Hang zum Kriminellen, aber auch zu Poetischem, Literarischem, Alltäglichem und Besonderem.

Mehr Infos unter: **www.jeanpascalansermoz.ch**

Jean-Pascal Ansermoz

Selbstfürsorge

*Inspirationen für
ein neues Lebensgefühl*

© 2.Auflage 2022 *Jean-Pascal Ansermoz*

ISBN: 978-3-7543-1563-7

Herstellung und Verlag: BoD – Books on Demand, Norderstedt

Lektorat: Michael Lohmann, Worttaten.de
Umschlaggestaltung & Satz: AZ Productions, Fribourg (CH)
unter Verwendung eines Bildes von Kaboompics .com

Die Deutsche Nationalbibliothek verzeichnet diese
Publikation in der Deutschen Nationalbibliografie; detail-
lierte bibliografische Daten sind im Internet über
http://dnb.dnb.de abrufbar.

Inhaltsverzeichnis

Die körperliche Ebene

Die emotionale Ebene

Die intellektuelle Ebene

Sie soziale Ebene

Sie spirituelle Ebene

»*And now that you don't have to be perfect,*
you can be good.«

John Steinbeck, East of Eden

»*Menschen sind wie Buntglasfenster. Sie funkeln und*
glänzen, wenn die Sonne scheint, aber wenn die
Dunkelheit einsetzt, offenbart sich ihre wahre Schönheit
nur, wenn ein Licht von innen kommt.«

Elisabeth Kübler-Ross

Eine kleine Geschichte vom Wert

Eine Selbsthilfegruppe hatte einen bekannten spirituellen Lehrer eingeladen, sich über das Thema ›Selbstwert‹ zu äußern. Alles, was er dafür mitbrachte, war ein Geldschein.

Er hielt die Hundert-Franken-Note in die Höhe und fragte in die Runde: »Wer von euch möchte diesen Schein haben?« Da gingen natürlich alle Hände in die Höhe.

Dann zerknitterte er den Schein und fragte wiederum: »Wer von euch möchte den Schein immer noch haben?«. Und wiederum gingen alle Hände in die Höhe.

Daraufhin warf er ihn zu Boden und trampelte darauf herum, sodass er ganz schmutzig wurde. Als er ihn wieder aufhob, zeigte er ihn den anderen. Der Schein war dreckig und zerknüllt. Wieder fragte er: »Wer möchte den Schein jetzt noch haben?« Noch immer wollten ihn alle.

Der Weise sagte zu ihnen: »Wir haben zusammen etwas Wichtiges gesehen. Was auch immer mit dem Geldschein geschehen ist, er behielt über die ganze Zeit seinen Wert. Egal ob man euch im Leben verletzt, beschmutzt oder schlecht behandelt hat, ihr habt denselben Wert wie vorher. Vergesst das niemals.«

Zeitgeschichtliche Eskapade

*»Der Planet braucht keine erfolg-
reichen Menschen mehr. Der Planet
braucht dringend Friedensstifter,
Heiler, Erneuerer, Geschichtenerzähler
und Liebende aller Arten.«*

Dalai Lama

Warum ist gerade heute das Thema Selbstfürsorge so wichtig?

Anforderungen im beruflichen und auch im
privaten Umfeld, unsichere Zukunftsperspek-
tiven, Familien- und Beziehungskonflikte oder
persönliche Sinnkrisen sind nur einige Punkte,
an denen viele Menschen in der heutigen Zeit an

ihre Grenzen stoßen. Um diesem modernen Leben gerecht zu werden und alles unter einen Hut zu bekommen, braucht es Heldenkräfte. Nur bin ich nun einmal nicht Superman. Aber ich versuchte es. Immer wieder. Perfekt sein. Alles zu erledigen. Beruf, Familie, Freizeit. Je mehr ich tat, umso mehr kam auf mich zu. Und trotz allem Geleisteten kam nie ein Moment, an dem ich sagen konnte: Es ist gut. Ich bin gut. Erst wenn ich das geleistet habe und dem entsprochen. Schließlich bin ich ja nicht allein. Man schaut mir zu.

Ich begann mich erst mit der Thematik zu beschäftigen, als ich bemerkte, wie meine Kinder anfingen, mich zu imitieren. Ich erkannte, dass meine Art, mich abzustrampeln, und meine mangelhafte Selbstfürsorge nicht das Vermächtnis war, das ich der nächsten Generation weitergeben wollte.

Die Welt ist nicht mehr, was sie mal war. Wie ich in den Achtzigerjahren aufwuchs, hat nichts mehr mit der Welt zu tun, in der meine Kinder nun leben. Wir aus den Jahrgängen 1965 bis 1980 wuchsen in Zeiten von Wirtschaftskrisen auf, getragen durch den Wohlstand unserer Elterngeneration. Wir erlebten den Übergang von den analogen zu den digitalen Medien und wurden auf ergebnisorientiertes Handeln und dem Streben nach hoher Lebensqualität konditioniert. Darin haben wir uns verfangen. Sich selbst für ein Ideal zu opfern, das nicht unser eigenes ist, wurde allgemein zum erstrebenswerten Lebensstil. Ergo lernten wir, unsere Bedürfnisse hinten anzustellen.

Für die darauf folgenden Generationen gehören das Internet und der Umgang damit zum Lebensalltag, denn sie wurden von Kindesbeinen an von den technologischen Medien sozialisiert. Diese *Millennials* und *Digital Natives* wünschen sich Arbeit, die Freude bereitet, und einen Alltag, in dem das Privatleben auch seinen Platz haben darf. Die Grenzen sind fließend. Man darf Privates während der Bürozeiten erledigen und arbeitet dann aber auch gern in seiner Freizeit. Denn was Spaß macht, fühlt sich per Definition nicht nach Arbeit an.

Es geht mehr um Selbstverwirklichung, Selbstbestimmung und Vernetzung. Eine ganz andere Sichtweise auf das Leben also. Aber hat die noch Platz in einer politischen, sich immer schneller bewegenden Marktwirtschaft?

Je schneller wir herstellen und je mehr wir auf den Markt bringen, desto weniger Wert erhält das Produzierte. Wir müssen also viel mehr arbeiten und erhalten dafür weniger Geld. Und darunter leidet nicht nur die aktive Bevölkerung. Sondern vor allem unsere Kinder.

Was ein Kind evolutionär, psychologisch, neurobiologisch braucht, sind zuerst einmal seine Eltern. Viel zu früh werden Kinder meiner Meinung nach aus den Familien gerissen und in Kitas ›fremdbetreut‹.

Anstatt mehr Kitas zu bauen und immer mehr Geld in das frühkindliche Betreuungssystem zu investieren, sollte man lieber die Familien finanziell stützen:

> »Wir verheizen die wenigen Kinder, die wir haben, in einem defizitärem Bildungs- und Betreuungssystem, damit die Eltern für wenig Geld viel arbeiten können, nur um ein Wirtschaftssystem aufrechtzuerhalten, das zum Scheitern verurteilt ist.«
>
> Michael Hüter

Deshalb ist es unsere Pflicht, umzudenken. Den Menschen wieder ins Zentrum des Lebens holen und ihn nicht weiterhin als Werkzeug eines überdrehten Wirtschafts- und Glaubenssystems zu benutzen. Es ist eine unserer größten Aufgaben, Überzeugungen wie ›*Ich bin nicht gut genug*‹ oder ›*Ich kann nicht das Leben leben, das ich will*‹ der nächsten Generationen vorzuenthalten.

Welche unserer Gewohnheiten haben ausgedient, weil sie entweder mir als Mensch nicht mehr guttun oder sie nicht mehr aktuell sind?

Yuval Hariri bezeichnet in seinem Buch ›Eine kurze Geschichte der Menschheit‹ bereits die landwirtschaftliche Revolution als ›Luxusfalle‹: Vor gut 10.000 Jahren begann der Homo Sapiens sesshaft zu werden, indem er sich der Landwirtschaft zuwandte. Mit der Zunahme der Nahrungsmenge wuchs aber auch plötzlich die Bevölkerung. Um diesem Wachstum gerecht zu werden, musste mehr gearbeitet werden. Wo die Jäger und Sammler vor ihnen zirka sechs

Stunden täglich mit Essensuchen und Jagen verbrachten (ergo den Rest des Tages mit Familie und Freunden), musste die neue Generation tagelang auf den Feldern pflügen, jäten und ackern.

Sieht das heute anders aus? Viele Berufe erlauben es nicht mehr, mit einer Arbeitsstelle zu hundert Prozent eine Familie mit Kindern über die Runden zu bringen. Früher hatte man Angst, die Ernte durch Regen und andere Umweltkatastrophen zu verlieren, heute bangt man um seinen Arbeitsplatz und überschreitet dabei seine eigenen physischen und emotionalen Grenzen.

Diese Entwicklung geht mit erhöhten Anforderungen einher, mit denen Stress, Überforderung, Erschöpfung und Selbstzweifel programmiert sind. Und genau an diesem Punkt möchte ich dieses Buch anknüpfen lassen.

Mit Selbstfürsorge meine ich Aktivitäten, die dem psychischen und physischen Wohlbefinden dienen, und helfen, diese Belastungen auszugleichen.

Wo spüre ich das Bedürfnis nach Veränderung?

>*»Der höchste Lohn für unsere Bemühungen ist nicht das, was wir dafür bekommen, sondern das, was wir dadurch werden.«*
>
>*John Ruskin*

Viele Krankheitsbilder unserer modernen Lebensweise können wir mit der Vernachlässigung unserer menschlichen Bedürfnisse in Verbindung bringen. Ein gesundes Selbstvertrauen, ein achtsames Selbstbewusstsein und vorbehaltlose Selbstliebe hingegen helfen, auch in stürmischen und hektischen Zeiten standhaft zu bleiben. Und wer weiß, vielleicht ergibt sich aus dieser neuen Denkweise die Möglichkeit herauszufinden, was wirklich wichtig ist.

Ich würde es mir wünschen.

1. Teil
Wie wir funktionieren

Wie wir funktionieren

»Der Schlüssel zum Leben ist die Bereitschaft, Herausforderungen an-
zunehmen. Wenn jemand damit
aufhört, ist er tot«.

Bette Davis

Ändert sich eine Situation, ob ich nun gut oder schlecht über sie denke?

Nein, was sich ändert, ist die weitere Entwicklung derselben. Und unsere Gefühle. Denn meine Gedanken werden Gefühle auslösen. Und Gefühle haben die Tendenz, weitere Gedanken auf den Plan zu rufen, die ihnen ähneln. Du siehst, wohin das führt, nicht wahr? Aber jetzt kommt's:

Eine Situation ist *per se* neutral.

Die Frage ist also, warum ich in dieser Art und Weise darauf reagiere. Irgendwas in ihr spricht mich an. Hätte sie nicht mit einem Teil von mir zu tun, würde sie mir auf gut Deutsch am Arsch vorbeigehen. Ich würde sie vielleicht nicht einmal wahrnehmen.

Etwas in mir fühlt sich angesprochen, möchte reagieren.

Die gute Nachricht: Diese Reaktion hat vielleicht gar nicht so viel mit uns selbst zu tun als mit unseren Erwartungen, Hoffnungen und Überzeugungen.

95 Prozent unserer Überzeugungen stammen nicht aus unserem eigenen Erfahrungsschatz,

sondern wurden uns von anderen Menschen auf unseren Weg gegeben.

100 Prozent unserer Erwartungen basieren auf einer hypothetischen Geschichte, die sich unser Verstand aufgrund äußerer Informationen zurechtbastelt.

Über unsere Sinne und unseren Körper nimmt unser Gehirn Informationen aus der Umgebung auf, analysiert sie und entscheidet, wie du reagierst, beziehungsweise welches innere Programm nun antworten soll. Im Klartext: Wie du dich dabei fühlst. Und Gefühle lösen Reaktionen aus.

Die zur Verfügung stehenden Programme werden dabei aus unseren Erfahrungen, Schlussfolgerungen und unserem Wissen gebaut und entsprechen oft nicht der Realität. Dasselbe gilt auch für den Wert, den wir uns selbst zuschreiben.

Lebst du schon oder erfüllst du noch Erwartungen?

Selbstfürsorge heißt: erkennen, dass unsere Gefühle die Farbe unserer Gedanken tragen. Jedem Gefühl geht ein Gedanke voraus. Eine solche Geistestätigkeit an sich ist harmlos, solange wir ihr nicht glauben. Wir müssen uns aber des Gedankens bewusst werden, um für uns sorgen zu können.

Um nun noch einmal zu unserer Situation zurückzukehren:

Die Anspannung verschwindet, sobald wir aufhören, gegen eine Situation einen inneren Widerstand aufzubauen. Wenn du dich dem, was ist, nicht länger widersetzt, lässt der Zwang zum Denken nach. Beobachtest du eine Situation einfach, verschwinden die Gefühle von allein. Nicht zuletzt auch weil sich jede Situation ausnahmslos in konstantem Wandel befindet.

Gefühle sind im Grunde genommen eine Entscheidung.

Darum halten wir jetzt kurz inne.

Wie fühlst du dich in diesem Moment? Kannst du deinen Atem spüren? Kannst du einen Augenblick in deine Beine und Arme hineinfühlen? Spürst du das sanfte Pulsieren des Lebens in dir? Kannst du diese Wachheit auch in deiner Umgebung wahrnehmen? Dieses leichte Kribbeln?

Diese Energie verbindet dich mit der Welt und die Welt mit dir. Sie ist immer da, kennt weder Zeit noch Raum.

Sie macht nicht. Sie urteilt nicht. Sie ist.

Lass uns die Welt um uns als Darstellung unserer eigenen Innenwelt ansehen. Ich weiß, dass meine Gemütsverfassung sich ändern wird. Und so weiß ich auch, dass die Welt um mich sich ändern wird.

In diesem Buch geht es um dich, um deine Einzigartigkeit. Wir werden lernen, uns wieder zu vertrauen, lernen die Verantwortung dafür zu übernehmen, wie wir sind und was wir fühlen. Und ich bin glücklich, dich auf diesem Weg begleiten zu dürfen.

Was ist Selbstfürsorge?

An was denkst du, wenn du das Wort
›Selbstfürsorge‹ hörst?

Der Name ist (fast) selbsterklärend. Es geht
um eine Haltung sich selbst gegenüber, die
besagt: Ich bin es wert, auf mich zu achten und
für mich Sorge zu tragen. Anders gesagt, ich
schaue, dass es mir gutgeht.

Es ist mitten in der Woche. Der Wecker
klingelt und noch bevor du einen Fuß auf den
Boden gesetzt hast, hast du schon eine To-do-
Liste im Kopf, die locker ein 48-Stunden-
Zeitfenster sprengt. Blöd nur, dass diese Liste in
nur wenigen Stunden abgearbeitet werden

muss. Es fängt an mit den Kindern, die schulfertig gemacht werden müssen, die Wäsche vorbereiten, dann Arbeitsweg (mit all den Unannehmlichkeiten, die der vielleicht bereithält (Stau, überfüllte öffentliche Verkehrsmittel und so weiter). Dann Stunden auf der Arbeit, bei der du Sachen für andere erledigst, während deine eigene Liste in deinem Kopf immer größer wird. Vielleicht reicht es gar nicht für eine Pause, weil du noch schnell einkaufen gehst. Auf dem Rückweg, die Kinder abholen. Abendessen, vielleicht noch Wäsche waschen, Abendrituale. 21:30 Uhr.

Und jetzt? Jetzt hast du einen Moment für dich. Aber du bist zu müde, um noch etwas zu machen. Also Fernsehen. Oder vielleicht ein Bad. Ist das nicht auch Selbstfürsorge?

Nein, ist es nicht. Um Selbstfürsorge zu erfahren, solltest du nicht aus deinem Leben flüchten müssen. Es geht nicht darum, etwas für dich zu tun, weil diese tägliche Liste an Verantwortungen dich geschafft hat und du deshalb etwas verdienst.

Wenn du eine Liste machen würdest, von all den Dingen, die du liebst, an welcher Stelle würdest du dich selber aufschreiben?

Selbstliebe dient der Aufrechterhaltung des Wohlbefindens im täglichen Leben, während Wellness eher mit einer konsumentenorientierten und zeitlich punktuellen Verwöhnung zu tun hat. Selbstfürsorge stärkt die Ausdauer und Belastbarkeit im Alltag, Wellness gibt eine zeitlich begrenzte Verschnaufpause.

Aber wie soll das gehen, höre ich dich fragen. Ich hab doch Verpflichtungen! Ich kann doch nicht die Sachen einfach liegen lassen. Und sowieso …

Haben wir alle. Wenig Zeit, viel zu tun. Viele Ausreden. Auch. Aber wieso eigentlich? Wieso nehmen wir uns im Alltag keine kleinen Auszeiten, wenn wir sie brauchen?

> *Zeit, die wir uns nehmen, ist Zeit,*
> *die uns etwas gibt.«*
>
> Ernst Ferstl

Weil wir es verlernt haben, auf uns zu hören.

In einem ersten Schritt müssen wir uns unserer Bedürfnisse wieder gewahr werden. Erst in einem zweiten herausfinden, was uns fehlt. Es geht keineswegs um große Dinge. Aber weil gewisse Bedürfnisse eben klein sind, übergehen wir sie oft.

Beispiel gefällig? Merkst du immer, wann du Durst hast? Wenn ja, wie äußert sich das? Wenn nein, wieso nicht? Zu wenig Wasser im Körper führt zu einer Schwächung des Organismus. Die

Nährstoff- und Sauerstoffver-sorgung wird eingeschränkt, weil das Blut im Körper durch den Wassermangel langsamer fließt.

Kopfschmerzen, Kreislaufprobleme und Konzentrationsschwäche können die Folge sein. Schon einmal abends heimgegangen und sich irritiert gefühlt?

Der Körper sendet dir Signale. Immer. In jedem Augenblick. Dein Körper ist dein Werkzeug. Funktioniert er nicht mehr richtig, kannst auch du nicht mehr richtig funktionieren. So einfach ist das.

Also immer genügend trinken.

Damit wir uns richtig verstehen. Ein wunderbares Wellness-Wochenende kann zur Selbstfürsorge beitragen, keine Frage. Was ich unter Selbstfürsorge verstehe, ist jedoch nicht eine Löschaktion, weil wieder einmal etwas anbrennt, sondern die bewusste Auseinandersetzung mit dem, was du brauchst, damit solche Notsituationen erst gar nicht entstehen.

Mein Ziel ist es, ein Leben aufzubauen, von dem ich mich nicht im Urlaub erholen muss.

Dafür benötigen wir eine Form des Mitgefühls und der Wertschätzung uns selbst gegenüber. Es soll nicht mehr um ›*ich muss*‹ gehen, sondern um ›*ich darf*‹. Es geht dann nicht mehr um ›*ich sollte*‹, aber um ›*ich bin es wert*‹. Du veränderst dich vom Opfer äußerer Umstände zum aktiven Teil deines Lebens. Kontinuierliche Selbstfürsorge im Alltag wird deine Energie beeinflussen, deine Toleranz und Gelassenheit. Dinge werden einfacher. Du wirst irgendwann keine Erholung mehr von deinem Alltag brauchen. Und ganz viel Zeit haben.

Hört sich das nicht gut an?

Deshalb werden wir uns im Folgenden mit dem Selbstwertgefühl beschäftigen. Es besteht aus drei Grundwerten, nämlich der Selbstliebe, dem Selbstvertrauen und dem Selbstbewusstsein.

Vom Selbstbewusstsein

Die Theorie der Selbstbewusstheit basiert auf der Idee, dass du nicht deine Gedanken bist, sondern der Mensch, der diese Gedanken beobachtet. Du bist die reflektierende Instanz, unabhängig und getrennt von deinen Überlegungen (*Duval&Wicklund, Theorie der objektiven Selbstaufmerksamkeit, 1972*).

Selbstbewusstsein beschreibt die Gewohnheit, auf die Art und Weise zu achten, wie man denkt, fühlt und sich verhält. Es bedeutet also, deine eigenen Gedanken und Emotionen zu erkennen und zu verstehen, wie diese deine Leistungsfähigkeit beeinflussen. Es bedeutet auch, ein genaues Gespür für die eigenen Stärken und

Grenzen zu entwickeln und sich bewusst sein, wie andere dich wahrnehmen.

Die Mehrheit unserer Überlegungen und Handlungen sind automatisiert. **Pro Tag haben wir in etwa 70.000 Gedanken. 90 Prozent davon sind die gleichen wie am Tag zuvor.** Das ist nicht notwendigerweise eine schlechte Sache. Unsere Gewohnheiten und Routinen tragen uns durchs Leben, sodass wir nicht jedes Mal innehalten und nachdenken müssen, wenn wir ein Auto fahren oder duschen wollen. Es wird zu einem Problem, wenn wir so lange im Autopilot-Modus funktionieren, dass wir vergessen, dass wir auf Autopilot sind. Denn wenn wir uns unserer eigenen Gewohnheiten und Routinen, Impulse und Reaktionen nicht mehr bewusst sind, dann kontrollieren wir sie nicht mehr, sondern sie kontrollieren uns.

Selbstbewusstsein ist die Fähigkeit, unsere innere und äußere Welt zu überblicken. Denn unsere Gedanken und Gefühle entstehen als Reaktion auf äußere Reize. Die Entwicklung des Selbstbewusstseins ermöglicht uns, nicht mehr von diesen Reizen geleitet zu werden, sondern ihnen sachlich und überlegt begegnen zu können.

Die Entwicklung des Selbstbewusstseins bedeutet, nach Mustern Ausschau zu halten, wie wir denken und wahrnehmen, wie wir uns die Dinge erklären, die um uns vorgehen, und wie wir denen einen Sinn geben.

Sie bedeutet, unsere eigenen Emotionen und Stimmungen zu verstehen, anstatt zu versuchen, unsere Gefühle zu meiden oder zu verändern. Es geht also um die Auseinandersetzung mit unseren Gefühlen – auch den unangenehmen – und letztendlich um die Offenheit, mit der wir auf sie eingehen können.

Sie bedeutet, auf unsere Handlungsweise und Verhalten einen achtsamen Blick zu werfen. Gibt es da standardisierte Reaktionsweisen? Gibt es Verhaltensmuster?

> *»Selbstbewusstsein gibt dir die Fähigkeit, sowohl aus deinen Fehlern als auch aus deinen Erfolgen zu lernen. Es befähigt dich, weiter zu wachsen.«*
>
> *Lawrence Bossidy*

Aber worin liegen nun die Vorteile eines guten Selbstbewusstseins?

Kommunikation. Je besser wir uns selbst kennen, desto einfacher ist es, lösungsorientiert zu kommunizieren, ehrlich zu sagen, was wir möchten, und die Wünsche anderer zu respektieren.

Beziehungen. Es ist schwierig, nach dem zu fragen, was wir in einer Beziehung wollen und brauchen, wenn wir uns über diese Dinge selbst nicht ganz im Klaren sind. Und je weniger Selbstbewusstsein wir haben, desto mehr werden wir im Umgang mit Menschen in die Defensive gehen.

Stimmungslage. Unsere Laune und die Art und Weise, wie wir uns fühlen, hängt weitgehend davon ab, wie wir denken und wie wir uns verhalten. Verstehen wir erst einmal die Verbindung zwischen Gedanken, Emotionen und Verhalten, fällt es uns leichter, mit Negativem umzugehen.

Entscheidungen. Wenn jemand Mühe hat, Entscheidungen zu treffen, hängt das oftmals mit emotionalen Reaktionen zusammen, die man hinterfragt. Wenn wir uns unserer Denk- und Gefühlsgewohnheiten besser bewusst werden, können wir leichter zwischen kurzfristigen Impulsen oder Wünschen und langfristigen Werten und Zielen unterscheiden.

Produktivität. Die häufigste Ursache für Zögern und mangelnde Produktivität ist nicht ein Mangel an Engagement. Wenn wir Schwierigkeiten haben, eine Aufgabe in Angriff zu nehmen, dann liegt das gewöhnlich daran, dass uns auf irgendeiner Ebene unsere Gedanken, Gefühle oder Gewohnheiten im Weg stehen.

Wie mache ich das jetzt genau?

Behandle dich wie ein Freund! Menschen fällt es in der Regel leichter, Gutes in anderen zu sehen. Wir schätzen ihre Eigenschaften und verzeihen ihre Macken. Wenn wir eine ähnliche Haltung uns selbst gegenüber kultivieren, ja, diese Eigenschaften zu einer täglichen Haltung entwickeln, können wir diesem Umstand entgehen. Unsere Angst vor dem Versagen oder vor Demütigung muss nicht auch noch bestraft werden, indem wir uns selbst kleinreden. Frage dich deshalb, ob du in einer Situation gleich reagieren würdest, wenn an deiner Stelle dein bester Freund gestanden hätte.

Achte auf das, was dich an anderen Menschen stört! Oft sind die Dinge, die uns bei anderen Menschen am meisten irritieren, der Ausdruck einer Eigenschaft, die wir an uns selbst nicht mögen. Wann immer also jemand etwas tut, das dich in irgendeiner Form ärgert oder irritiert, halte inne: Könnte dies ein Spiegelbild von etwas in dir sein, das dir missfällt?

Sei achtsam! Ja, um die Frage vorneweg zu nehmen, Meditation hilft. Sich zehn Minuten am Tag hinsetzen und mal nix tun. Nein, NIX tun. So ganz ohne Handy, Tablet, Fernsehen, Computer, Bleistift und Papier. Und dann einfach mal atmen. Fühle die Luft, wie sie in dich strömt und dich wieder verlässt. Kannst du den Temperaturunterschied spüren? Was vom Herzen kommt, fühlt sich wärmer an.

Nimm den Moment einfach eine Weile wahr. Verändere ihn nicht. Und wenn du dann langsam merkst, wie dein Körper und dein Geist sich entspannen, dann lass kommen, was will. Jeder Gedanke ist willkommen. Lass ihn einfach erscheinen und gib ihm Raum. Schau ihn dir an, wie man alte Fotos anschaut. Ohne darauf einzugehen. Ohne zu bewerten.

Und dann lass ihn wieder gehen.

Diese Meditation ist eine der besten Möglichkeiten, mehr darüber zu erfahren, wie deine Gedanken funktionieren und was dich beschäftigt. Es kehrt Ruhe ein, wenn du dich darin übst, die Gedanken nur zu beobachten, statt gegen sie anzukämpfen.

Oft kommt unsere mangelnde Selbstkenntnis nämlich davon, dass wir zu viel denken. Wir verlieren uns leicht in Gedankenkarussellen, weil wir annehmen, dass sie auf einer wahren Grundlage beruhen. Tun sie aber in den meisten Fällen nicht. Sie sind ein Konstrukt, ein Zusammenspiel aus Erfahrung, Überzeugung und Projektion. Das Gehirn versucht, aus Vergangenem das Szenario einer möglichen Zukunft herauszukristallisieren.

Angst ist doch nur die Tür zu alten Gedanken.

Eine regelmäßige, ja, tägliche Praxis wird dir in wenigen Tagen bereits eine gewisse innere Ruhe und Stabilität geben.

Identifiziere deine Trigger! Niemand fühlt sich gerne traurig, ängstlich oder beschämt. Um unter solchen Emotionen nicht zu leiden, neigen wir alle dazu, sie bestmöglich zu vermeiden. Wir sind Meister der Ablenkung geworden, nicht zuletzt durch den allgegenwärtigen Zugang zu Medien und sozialen Netzwerken.

Aber auch analog haben wir effiziente Mittel dafür gefunden: Alkohol, Süßigkeiten und Sport, um nur einige Beispiele zu nennen.

> *»Schmerz taucht in unserem Leben nicht ohne Grund auf. Er ist ein Zeichen dafür, dass sich etwas in unserem Leben ändern muss.«*
>
> Tony Robbins

Das Ziel jeder Emotion ist nicht, uns leiden zu sehen. Im Gegenteil. Sie will uns zeigen, wo wir hinschauen sollen. Weil wir uns nicht mit uns selbst auseinanderzusetzen, können wir auch nicht hören, was Gefühle uns zu sagen haben.

Das nächste Mal, wenn du eine positive oder negative Emotion erfahren darfst, frage dich, was sie ausgelöst hat. Was versucht, sich dadurch auszudrücken?

Falls du nicht warten möchtest, kannst du das Spiel auch umdrehen und folgende Aussagen vervollständigen:

– Ich fühle mich wütend, wenn ...

– Ich fühle mich ängstlich, wenn ...

– Ich bin verärgert, wenn ...

– Ich weiß, dass ich geliebt werde, wenn ...

– Ich weiß, dass ich vertrauen kann, wenn ...

Die Liste kannst du beliebig weiterführen.

Verletzlichkeit ist ein Zeichen von Stärke! Die Forscherin Brené Brown hat Verwundbarkeit als ›*den Geburtsort der Verbindung und den Weg zum Gefühl der Würde*‹ bezeichnet. Sie hat auch darauf hingewiesen, dass ›*Verwundbarkeit bedeutet, sich zu zeigen und gesehen zu werden*‹. Es ist schwierig, das zu tun, wenn wir Angst davor haben, was andere Menschen von uns sehen oder denken könnten. Wenn wir uns so sehen lassen, wie wir sind, kann das beängstigend sein, vor allem, wenn wir unser Leben lang negative Kernüberzeugungen über uns aufrechterhalten haben. Je mehr wir unsere Unvollkommenheit als Zeichen der Stärke annehmen können, desto besser werden wir uns in allem was wir tun fühlen. Du darfst dankbar sein, dass sich deine Verletzlichkeit zeigt, denn sie gibt dir die Möglichkeit, du selbst zu sein. Entgegen mancher Erwartung bewundern Menschen diejenigen, die ihre Schwächen zeigen können.

> *»Seine Schwäche zu zeigen bedeutet, sich verwundbar zu machen; sich verwundbar zu machen, bedeutet Stärke zu zeigen.«*
>
> *Criss Jami*

Erst als ich mir zugestand, nicht perfekt sein zu dürfen, wurde mir klar, dass ich mir in meinem Bemühen, stark zu sein, genau die Gefühle verweigert hatte, die ich tatsächlich erleben wollte. Zu oft bauen wir inmitten von Trauer, Schmerz oder Herausforderungen

Mauern um uns herum. Mauern aus Stolz. Wir kommen allein zurecht. Was würden denn die anderen auch sagen?

In einer Form von Selbsterhaltungsschutz verschließen wir uns allen Gefühlen. Wir distanzieren uns von dem, was uns beängstigt, weil es uns als schwach, verletzlich oder unfähig darstellt. Und dabei verleugnen wir uns selbst. Nur wenn wir uns erlauben, diese Schwächen als Teil von uns anzunehmen, laden wir das Leben dazu ein, uns zu stärken.

Von der Selbstliebe

Selbstliebe bedeutet, dem eigenen Wohlbefinden und Glück einen hohen Stellenwert zu geben. Sie bedeutet, dass man sich um seine eigenen Bedürfnisse kümmert und sein Wohlergehen nicht opfert, um anderen zu gefallen oder jemandem zu entsprechen. Selbstliebe bedeutet, sich nicht mit weniger zufriedenzugeben, als man verdient und sich selbst wert ist.

Der große Unterschied zwischen Selbstbewusstsein und Selbstliebe ist, dass man sich im ersten Fall bewusst wird, wie man tickt, um dann zu handeln.

Selbstliebe ist nicht einfach ein Zustand des Wohlbefindens. Es ist eine Kombination aus der Wertschätzung, die man sich selbst gibt, und den daraus resultierenden Handlungen, die unser physisches, psychisches und spirituelles Wachstum unterstützen.

Selbstliebe ist dynamisch. Sie wächst durch Taten. Wenn wir in einer Weise handeln, die die Eigenliebe in uns fördert, fangen wir auch an, sowohl unsere Schwächen als auch unsere Stärken viel besser zu akzeptieren. Überdies vermindern wir den inneren Drang, uns erklären zu müssen, und entwickeln mehr Mitgefühl mit uns selbst.

Handle nach dem, was du brauchst, und nicht nach dem, was du willst! Du liebst dich selbst, wenn du dich von etwas abwenden kannst, das sich zwar gut und aufregend anfühlt, dir aber nicht gut tut. Stattdessen entscheidest du dich für das, was du brauchst, um stark und zentriert zu bleiben, und in deinem Leben voranzukommen.

Achte auf deine Bedürfnisse! Du wirst dich selbst mehr lieben, wenn du dich um deine Grundbedürfnisse kümmerst. Menschen mit hoher Selbstliebe achten täglich auf eine gesunde Ernährung, Bewegung, angemessenen Schlaf, Intimität und gesunde soziale Interaktionen.

Grenzen setzen! Du gibst dir mehr Wertschätzung, wenn du lernst, Grenzen zu setzen und auch einmal Nein zu sagen. Gerade bei Aktivitäten – und das egal ob bei der Arbeit, in der Familie oder sonst wo –, die dich körperlich, emotional und spirituell auspowern. Bedenke, du musst weder alles für alle machen, noch kannst du für alles verantwortlich sein.

Schütze dich selbst! Bring die richtigen Menschen in dein Leben. Ich liebe den Begriff

›Freindseligkeit‹. Er beschreibt so gut die Art von Freunden, die sich eher über deinen Schmerz und Verlust als über dein Glück und deinen Erfolg freuen. Das Leben ist zu kurz, um es mit Menschen zu verbringen, die dich mehr Energie kosten als Freude zu bringen. Wer tut dir gut?

Vergib dir selbst! Wir Menschen können so hart zu uns selbst sein. Die Kehrseite der Verantwortung für unser Handeln ist, dass wir uns zu sehr für Fehler zur Rechenschaft ziehen. Aber Fehler machen gehört dazu. Es ist Teil des Lernprozesses. Übe dich darin, weniger hart mit dir selbst umzugehen, wenn du eine falsche Entscheidung getroffen hast. Triff sie einfach neu! Fehler zeigen dir, dass du auf dem richtigen Weg bist. Sie sind keine Hindernisse, lediglich Umwege. Und Umwege erweitern des Wanderers Horizont.

Lebe bewusst! Du wirst dich selbst mehr akzeptieren können, wenn du dem, was du tust, einen Sinn gibst. Dieser Sinn muss dir nicht unbedingt von Anfang an klar sein. Wenn es deine Absicht ist, ein sinnvolles und gesundes Leben zu führen, wirst du automatisch Entscheidungen treffen, die diese Absicht unterstützen. Du wirst dir selbst mehr vertrauen, wenn du dich eines deiner Ziele erreichen siehst, wenn du schaffst, was du dir vorgenommen hast. Ein Trick dafür ist, sich kleine Ziele zu setzen, und deren Erreichen auch zu würdigen. Wir fangen im Leben alle mit kleinen Schritten an, oder nicht?

Auf was ich persönlich Wert lege:

Mein Körper ist der einzige, den ich in diesem Leben haben werde. Er gibt mir die Möglichkeit, die Vielfalt des Lebens zu erfahren. Deshalb ist es für mich wichtig, ihn zu hegen und zu pflegen. Das beginnt mit der richtigen Ernährung. Da wir alle aber andere Bedürfnisse haben, ist es schwierig, eine allgemeingültige Regel aufzustellen. Auch hier gilt das Prinzip, achtsam zu sein.

Was tut dir gut? Was solltest du lassen? Was gibt Energie und was nimmt sie dir weg?

Ich ernähre mich zum Beispiel vegetarisch, verzichte bestmöglich auf vorgefertigte Speisen, Zucker und Weizen, lege ab und zu einen Fastentag ein – und das einfach, weil es das ist, was für mich am besten funktioniert. Ich achte auch auf gute Erholung (Schlaf) und Bewegung (ja, auch Sport!).

Ich glaube nicht alles, was ich denke. Es gibt einen Inneren Kritiker in uns allen, der versucht, uns klein und sicher zu halten. Die Kehrseite der Medaille ist, dass uns dies auch daran hindert, ein erfülltes Leben zu führen. In der gleichen Art achte ich darauf, wie ich mit mir selbst spreche. Worte sind Energie und beeinflussen unser

Leben mehr, als zunächst erkennbar ist. Jedes Mal wenn ich mich bei einem kritischen oder negativen Gedanken mir gegenüber erwische, formuliere ich ihn einfach um. Mit der Zeit hat sich mein Gehirn der neuen Art zu denken angenommen.

Ich umgebe mich mit Menschen, die mir das Gefühl geben, lebendig zu sein. Menschen, die mich ermutigen, die positiv eingestellt sind und Lebensfreude zeigen. Ich hole mir Hilfestellungen auch nur bei den Menschen, die das bereits erreicht haben, was ich anstrebe.

Es gibt mich nicht zweimal auf diesem Planeten. Deshalb habe ich aufgehört, Vergleiche zu ziehen. Ich kann mich ja nicht wirklich mit jemand anderem vergleichen.

Jeder meiner Erfolge wird gefeiert, egal wie groß oder klein sie sind. Ich darf mir selbst auf die Schulter klopfen und stolz auf das sein, was ich erreicht habe.

Ich verlasse meine Komfortzone und probiere Neues aus. Es ist unglaublich, was für ein Gefühl wir bekommen, wenn wir erkennen, dass wir etwas erreicht haben, von dem wir vorher nicht wussten oder dachten, dass wir es tun könnten. Ich folge dabei dem Gefühl der (Vor-)Freude. Du kennst das sicher, wenn dich eine Idee zwar begeistert, aber dir gleichzeitig auch Angst macht? Dann lohnt es sich, genauer hinzuschauen.

Es gibt jeden Tag einen Grund dankbar zu sein. Dankbarkeit ist der kürzeste Weg zu deinem Herzen. Sie ist das Gedächtnis des Herzens. Sie gibt mir die Möglichkeit, eine positive Grundeinstellung zur Welt zu entwickeln. Denn im Alltag halten wir so viele Dinge für selbstverständlich, dass wir nach immer mehr streben, weil wir das Gefühl haben, dass uns etwas fehlen könnte. Ich lernte, mich auf die schönen Dinge im Leben zu konzentrieren. Denn sie sind es, die das Leben so lebenswert machen.

Ich habe gelernt, Nein zu sagen. Indem ich Nein sage, sage ich ja zu mir selbst. Niemand ist ein schlechterer Mensch, weil er das tut. Dabei half mir die ›Opfer‹-Frage: Was opferst du, wenn du Ja sagst, obschon du Nein sagen willst?

Über das Selbstvertrauen

»Wenn es einen Glauben gibt, der Berge versetzen kann, so ist es der Glaube an die eigene Kraft.«

Marie von Ebner-Eschenbach

Eine breit angelegte Untersuchung ergab, dass ein hohes Selbstwertgefühl mit besserer Gesundheit, besserem sozialen Lebensstandard, Schutz vor psychischen Störungen und sozialen Problemen, gesunder Bewältigung und psychischem Wohlbefinden verbunden ist. (*Mann, Hosman, Schaalma & de Vries, 2004*).

Kinder mit hohem Selbstvertrauen schneiden in der Schule besser ab und zeigen später im

Leben eine höhere Zufriedenheit. Aber was ist Selbstvertrauen tatsächlich?

Im Grunde genommen verstehen wir unter Selbstvertrauen den Glauben, dass man fähig ist, Dinge zu tun und dass andere Menschen einen dafür respektieren. Niemand wird mit grenzenlosem Selbstvertrauen geboren. Wenn jemand ein unglaubliches Selbstvertrauen zu haben scheint, dann deshalb, weil er oder sie es jahrelang aufgebaut hat.

Wie mache ich das bloß?

Körpersprache. Wenn wir uns traurig fühlen oder unsicher sind, haben wir Tendenz, unseren Körper klein zu machen, uns mit Gesten zu verschließen. So schützen wir uns in einer gewissen Form, da wir weniger Angriffsfläche anbieten. Um Selbstvertrauen auszustrahlen, gibt es diesen Trick, sich groß zu machen, sich zu öffnen, den Kopf hoch zu halten, den Rücken gerade zu machen und tief durchzuatmen. Achte einmal auf deine Körperhaltung, wenn du dich nicht so gut fühlst! Wie stehst oder sitzt du da? Hast du die Arme verschränkt? Den Rücken gekrümmt? Die Beine überschlagen?

Öffne dich nun bewusst, nimm die Schultern nach hinten, hebe den Kopf, öffne die Arme. Wenn du das eine kleine Weile so machst, wirst du merken, wie sich deine Gefühle verändern und die Traurigkeit verfliegt. Du signalisierst deinem Gehirn durch deine Körperhaltung, dass es sich nicht zu sorgen braucht. Und das Gehirn reagiert, indem es die entsprechenden körperlichen Reaktionen der Traurigkeit unterbindet.

Kleider. Eine Anregung, die ich von einem Freund erhielt, ist die Macht der guten Kleidung. Es ist nicht vergebens, dass man sagt, Kleider machen Leute. Sich die Zeit nehmen, um sich zu duschen, zu rasieren, die Haare zu machen und sich gut anzukleiden, signalisiert dir, dass du für dich da bist.

Zuerst klingt die Idee vielleicht etwas komisch, aber du kannst dein Selbstvertrauen beeinflussen, indem du dir die Zeit nimmst, deine Schuhe zu putzen oder deine zerknitterte Kleidung zu bügeln.

Achte da vor allem auf Details.

Socken mit Löchern haben mit Selbstwert zu tun. Jacken, deren Reißverschlüsse kaputt sind auch. T-Shirts, deren Farbe verblichen ist oder die ausgetragen wirken. Sie tragen zu dem Bild bei, das du von dir hast, jedes Mal, wenn du dich darin siehst oder mit dem verflixten Reissverschluss kämpfst. Indirekt zeigen diese Situationen dir, welchen Wert du dir gibst. Also flicken, richten, reparieren. Du bist es wert.

Die alte und klischeehafte Aussage ›*Tu, als ob*‹ mag unaufrichtig und künstlich klingen. Aber die Verbindung zwischen Körper und Geist und ihr Einfluss auf das menschliche Verhalten sind nichts Neues. Sportler benutzen die Tatsache bereits seit jeher, um sich auf Wettbewerbe vorzubereiten.

> »*Vertrauen ist eine Gewohnheit, die man entwickeln kann, indem man so handelt, als hätte man bereits das Vertrauen, das man sich wünscht.*«
>
> *Brian Tracy*

Suche dir ein Vorbild. Einen Menschen also, den du für die Fähigkeiten bewunderst, die du gern haben möchtest. Dann schlüpfe in seine Rolle. Tu, als wärst du er oder sie. Jedes Mal, wenn du unsicher bist, frage dich, was würde sie oder er nun an deiner Stelle tun, und handle so, wie das Vorbild es machen würde.

*»Wenn ich also den Leuten davon
erzähle, dass unser Körper unser
Denken ändert und dass unser
Denken unser Verhalten ändern kann,
und dass unser Verhalten unsere
Leistungen ändern kann, dann sagen
sie zu mir: ›Das fühlt sich so unecht
an.‹ Dann antworte ich: ›Täuschen
Sie es vor, bis Sie es schaffen.‹«*

Amy Cuddy

Umgebung. Wenn du denkst, dass ein bisschen
Unordnung und dein Umfeld nichts mit deinem
Selbstvertrauen zu tun haben, dann werde ich
dich jetzt vielleicht überraschen. Alle kreativen
Dinge bis hin zu inspirierender Produktivität
finden in einem bestimmten Kontext statt, innerhalb einer bestimmten Umgebung. Und an
diesem Ort solltest du dich wohlfühlen. Welche
Stimmungen, Objekte und Räumlichkeiten
inspirieren deine Produktivität? Was in deiner
Umgebung nicht? Sind da zu viele Dinge oder

zu wenige? Was gibt dir ein Gefühl der Freude, jedes Mal, wenn du es ansiehst?

Angst. Sie kann dein Selbstvertrauen beeinträchtigen, dich im Elan ausbremsen, dir weismachen, dass du etwas nicht kannst. Sie sagt dir, du bist nicht genug, kannst das sowieso nicht, will dich davon abbringen, es überhaupt zu versuchen. Wir alle haben Angst, und selbstbewusste Menschen wissen, dass sie trotzdem handeln sollten.

Angst ist nicht real. Sie existiert nur in unseren Köpfen und nur so lange, bis man sich ihr stellt. Macht man etwas trotzdem oder gerade weil man Angst verspürt, merkt man sehr schnell, dass ursprüngliche Befürchtungen nur äußerst selten der Realität entsprechen.

Warum ist das so?

Weil Unbehagen uns signalisiert, dass man Neuland betreten wird. Das Gehirn wird sich mit Neuem auseinandersetzen müssen, kann also nicht mehr mit Erlebtem oder Wissen auftrumpfen, und sieht das als potenzielle Gefahr an. Tun wir, wovor wir uns fürchten, entwickeln wir Widerstandsfähigkeit und Vertrauen in allen Lebensbereichen. Und wir lernen Neues.

Neugier. Sie ist die Grundlage für lebenslanges Wachstum. Wenn wir wissensdurstig bleiben, bleiben wir lernfähig, und unser Verstand und unser Herz offen. Suche neue Erfahrungen und Wissen. Die Vielfalt der erfahrenen Möglichkeiten gibt letztendlich das Gefühl von Lebendigkeit. Denn Neugier macht dich zu einem aktiven Part deines Lebens. Sie wird deine Aufmerksamkeit schärfen und Beobachtungsgabe verbessern und dir dadurch neue Welten und Perspektiven eröffnen.

Ich habe schon sehr früh das Lesen für mich entdeckt. Es müssen ja nicht unbedingt dicke, komplizierte Bücher sein. Es gibt heutzutage ja viele verschiedene Optionen. Wieso nicht einen Podcast hören oder mal wieder in einer Zeitschrift blättern? Inspirationen lauern überall.

2. Teil
Die fünf Ebenen

Die fünf Ebenen

Nun da wir die drei Säulen der Selbstfürsorge etwas näher kennengelernt haben, möchte ich im zweiten Teil dieses Buches darauf eingehen, wie die Säulen sich als Kombination in unserem Leben bemerkbar machen. Wir werden also einen kleinen Abstecher in unser körperliches, emotionales, intellektuelles, soziales und spirituelles Sein wagen.

> *»Wer neue Wege gehen will, muss alte Pfade verlassen.«*
>
> *Manfred Grau*

Bevor wir uns aber auf die Reise machen, möchte ich hier noch kurz etwas über neue Verhaltensweisen loswerden. Der Mensch ist ein

Gewohnheitstier. Veränderungen mag er nicht sonderlich. Daher scheut er sich, sein Handeln zu ändern, auch wenn dieses ihm gar nicht mehr guttut. Der schnellste Weg, um eine Veränderung in deinem Leben vorzunehmen: jeden Tag daran arbeiten. Das bedeutet erstens, dich daran zu erinnern, dass du es tun willst, und zweitens dabei motiviert bleiben.

Eine Gewohnheit entsteht durch Wiederholung.

Immer und immer wieder. So lernen wir. Um die Motivation nicht zu verlieren, ist es hilfreich, sich nicht das Ziel vor Augen zu halten, sondern das Warum. Warum möchtest du etwas ändern? Und natürlich bereit zu sein, das Wie immer wieder den Umständen anzupassen.

Die körperliche Ebene

1. Ernährung

Ich habe die Ernährung im ersten Teil schon angesprochen. Aber was ist in der heutigen Zeit überhaupt eine richtige Ernährung? Man hört so viel. Wem darf man denn grundlegend noch glauben? In den letzten Jahren ist der Genuss zur Nebensache geworden und ein Hype um gesundes Essen entstanden. Alles muss frisch, bio, gesund, laktosefrei, fettfrei, glutenfrei und vegan sein. Geschmacksverstärker und künstliche Zusatzstoffe dürfen auf keinen Fall konsumiert werden. Was können wir denn dann noch essen? Worüber sich Ernährungswissenschaftler heute tatsächlich einig sind, kann man in drei einfachen Regeln zusammen-fassen:

– Möglichst unverarbeitete Lebensmittel essen.

– Möglichst abwechslungsreich.

– Und viel Gemüse.

Und ich möchte hinzufügen: Nicht zu viel von allem. In der heutigen Gesellschaft brauchen wir weniger Kalorien als gedacht. Unsere Körper sind nicht dafür gebaut, konstant etwas zu verarbeiten. Die Gewohnheit, drei Mal pro Tag zu essen, schadet mehr, als sie uns nützt. Ab und an mal einen Fastentag einzulegen, entlastet unseren Körper enorm.

Ich möchte dir hier noch einen anderen Gedanken mit auf den Weg geben. Was du isst, ist Energie. Die Energie, die du für dein Leben brauchst. Achte auch hier auf Qualität vor Quantität! Anstatt die gewohnten Einkaufslisten zu schreiben, tätige deinen Einkauf einmal ohne und fühle in dich hinein. Was braucht dein

Körper? Oft kaufen wir gewisse Dinge aus purer Gewohnheit, ohne zu merken, dass verschiedene Zeiten nach verschiedener Nahrung rufen.

2. Bewegung und Sport

Und jetzt höre ich dich denken: Das sagen doch alle, aber ich habe keine Zeit. Das kommt immer darauf an, was du unter ›Sport‹ verstehst. Viele haben nämlich ein komplett falsches Bild im Kopf: das uns in den Neunzigern dazu verleitete, Mitglied in einem Fitnessclub zu werden. Es ist heute oftmals schwer in den Alltag zu integrieren. Nichts gegen die Fitness-kultur, im Gegenteil. Menschen brauchen einen Ort, an dem sie aus dem Alltag ausbrechen dürfen, um sich dem Sport zu widmen.

Es geht aber auch anders.

Mittlerweile gibt es zum Beispiel viele kostenlose Apps, die dir helfen, regelmäßig und in kleinen Zeiteinheiten zu trainieren. Anstatt dich während 90 Minuten auszupowern, geben diese Hilfen dir die Möglichkeit, in nur 10 bis 15

Minuten pro Tag fit zu bleiben. Das Ziel dabei ist, deinen Körper zu spüren, nicht Rekorde zu brechen.

Auch hier gilt, nicht mehr als nötig, aber nicht weniger als notwendig.

Je nach Interesse wirst du eher Yoga-Apps bevorzugen oder aber solche, die nur mit deinem Körpergewicht arbeiten. Suche nach der Form, die dir am besten zusagt. Der Vorteil einer App? Sie sagt dir genau, was zu tun ist und erinnert dich per Alarm daran, dass du dich noch bewegen wolltest. Sport fördert die Beziehung zwischen Körper und Geist, lässt dich lebendig fühlen. Mach alle zwei Tage 15 Minuten. Lass die App dir dazu gratulieren. Und mach eine Gewohnheit draus.

3. Entspannung und Meditation

Genauso wie man seinen Körper etwas fordern sollte, braucht er auch Phasen der Ruhe. ›Nichtstun‹ gilt in der heutigen Zeit als Luxus, sollte es aber nicht. Regelmäßiges Entspannen hilft dir, den Alltagsstress in Grenzen zu halten, deinem Körper die Zeit für Regeneration zu geben und deiner Kreativität einen Raum zu lassen.

Du zeigst deinem Körper, dass du für ihn da bist. Indirekt sagst du dir, dass du dich lieb hast.

Es gibt viele Möglichkeiten, das zu tun. Du kannst dich in der Wärme eines Bades entspannen, zu beruhigender Musik tagträumen, auf dem Rücken im Gras Wolken zusehen, jeden Mittag einen Mittagsschlaf halten oder meditieren. Alles was dir erlaubt, deine Aufmerksamkeit auf Dinge zu richten, die im gegenwärtigen Moment passieren.

Noch ein kurzes Wort über Meditation. Zehn Minuten pro Tag, am Morgen, vor dem Schlafengehen oder auch während der Mittagspause werden dir helfen, gelassener zu werden. Meditation erlaubt deinem Gehirn, eine Pause zu machen. Bei 70.000 Gedanken pro Tag mit Sicherheit eine gute Investition. Es gibt auch da verschiedene Möglichkeiten. Du kannst dich auf deinen Atem konzentrieren, den Fokus auf eine Kerzenflamme richten, dich in einer geführten Meditation anleiten lassen. Du kannst dabei sitzen, gehen oder liegen. Bei dir zu Hause, im Park, im Auto. Zu welcher Form fühlst du dich am meisten hingezogen?

Abschließend darf noch gesagt werden, dass Abwechslung uns guttut. Überrasche dich, indem du Dinge jeden Tag anders machst. Lebendigkeit und Körperbewusstsein spürst du am besten, wenn sich weder dein Körper, noch dein Gehirn auf etwas einstellen können. Machst du zum Beispiel den Sport immer zur selben Zeit, am selben Tag, weiß dein Körper bereits, was auf ihn zukommt. Er muss also nur noch die Energie dafür bereithalten und dein Training läuft im Autopiloten ab.

Er wird aber nur dazulernen können, wenn er sich außerhalb seiner Komfortzone bewegt. Denn außerhalb der Komfortzone muss er sich anpassen. Wieso also nicht einmal am Morgen früher aufstehen und 15 Minuten Sport treiben, bevor man den Tag in Angriff nimmt? Oder sich mittags in die Wanne legen?

Die emotionale Ebene

Modellhaft erklärt entspricht die emotionale Ebene dem Sitz deiner Gefühle. Eine Emotion ist eine psychophysische Reaktion, die durch die bewusste oder unbewusste Wahrnehmung eines Ereignisses oder einer Situation ausgelöst wird. Im Vergleich zur körperlichen Ebene bleibt diese Reaktion jedoch nicht immer erklärbar. Sie ist abhängig von unserer persönlichen Geschichte. Genau deshalb ist es wichtig, unsere Gefühle annehmen und verstehen zu können. In der heutigen Gesellschaft wird das aber nicht gelernt. In den meisten Fällen trifft sogar das Gegenteil zu. Für viele haben Gefühle etwas Bedrohliches. Menschen tun vieles dafür, sie nicht zu beachten oder sie zu unterdrücken. Dabei ist deine Aufgabe nicht, sie zu bekämpfen, aber sie wahrzunehmen.

Emotionen sind vorübergehende Zustände des Seins. Nur allzu oft verwechseln Menschen ihre Emotionen mit ihrem Charakter oder sogar ihrer Persönlichkeit. Nur weil du Trauer empfindest, bist du nicht eine traurige Person. Nur weil du wütend wirst, bist du noch lange keine wütende Person. Du bist nicht dein Gefühl. Aber das Gefühl spricht mit dir.

»Innerer Frieden beginnt in dem Moment, in dem du entscheidest, Ereignissen oder anderen Menschen nicht zu erlauben, deine Emotionen zu kontrollieren.«

Pema Chödrön.

4. Grenzen setzen

Wenn du immer mehr machst, als dein Körper aushält, wirst du nicht nur deine Energiereserven aufbrauchen, sondern auch das Risiko eingehen, dass er irgendwann nicht mehr mitmacht. Trinkt jemand zum Beispiel zu viel Alkohol, wird irgendwann mal seine Leber an die Grenzen des ihr Möglichen stoßen. Das kann gravierende Folgen mit sich ziehen. Deshalb ist es wichtig, seine eigenen Grenzen wahrzunehmen, sie zu verstehen und auch zu kommunizieren.

> *»Grenzen sind Richtlinien, die von dir für dich geschaffen wurden, damit du in einer Beziehung mit anderen sein kannst, ohne deine Beziehung zu dir selbst zu verraten.«*
>
> *Veronika Krytzner*

Es ist nicht möglich Grenzen zu setzen, wenn man nicht weiß, wo man steht. Identifiziere deine körperlichen, emotionalen oder mentalen Grenzen. Überlege dir hierzu, was du in einer gegebenen Situation akzeptieren oder tolerieren kannst und was Unbehagen oder Stress bei dir auslöst. Mit anderen Worten: Achte auf das Gefühl in deinem Körper! Unmut und Unruhe sind immer Zeichen für Grenzen. Was löst sie aus? Was beunruhigt dich in einer gegebenen Situation?

Gerade Missmut entsteht gewöhnlich dadurch, dass man ausgenutzt oder nicht geschätzt wird. Es ist ein Zeichen dafür, dass wir entweder unsere eigenen Grenzen überschreiten, weil wir uns schuldig fühlen (und zum Beispiel ein guter Ehemann, Sohn, Vater sein wollen), oder dass uns jemand anders seine Erwartungen, Ansichten oder Werte aufzwingen will.

Das Setzen von Grenzen ist ein wichtiger Bestandteil der Identitätsfindung. Es ist auch ein entscheidender Aspekt der psychischen Gesundheit und deines Wohlbefindens.

Ein Limit hat die Aufgabe einen Raum zwischen dir und einer anderen Person, einem Ort oder einer Begebenheit zu definieren, in dem klar sichtbar wird, wo du anfängst und die Person / Ort / Situation endet. Sie ist also da, um dich zu schützen.

Wo gehst du systematisch weiter, als du solltest? In welchen Situationen lässt du zu, dass Menschen diese Grenze überschreiten? Warum? Wann kannst du nicht Nein sagen? Was hält dich denn davon ab, diese Grenzen zu kommunizieren?

Vom Nein-Sagen können

Kannst du Nein sagen,

- wenn andere dich immer wieder um etwas bitten, das du gar nicht tun willst?

- wenn du wieder einmal eine unangenehme Arbeit für jemanden übernehmen sollst?

- wenn jemand sich zum wiederholten Mal Geld von dir ausleihen möchte, ohne es je zurückzuzahlen?

- wenn du von einem Verkäufer bedrängt wirst, etwas zu kaufen?

- oder wenn du keine Lust hast, an einem Familienessen teilzunehmen?

Was uns davon abhält, Nein zu sagen, sind unsere Ängste.

Angst, abgelehnt und nicht mehr gemocht zu werden. Ein Gefühl, das wir sowohl im Freundes- und Bekanntenkreis, in der Familie und im Job haben können. Die meisten von uns machten schon als Kind die Erfahrung, dass manche Menschen uns nur dann mögen, wenn wir ihnen nützlich sind.

Angst vor Konsequenzen. Nicht jeder reagiert freudig, wenn du ihm eine Bitte ablehnst. Es kann also durchaus zu Konflikten kommen. Gerade im professionellen Umfeld könntest du Angst haben, den Job zu verlieren, wenn du ablehnst. Hier ist es sehr wichtig, die Situation möglichst objektiv und realistisch einzuschätzen.

Man will nicht egoistisch oder herzlos wirken. Diese Ursache liegt in unseren Werten begründet. Du brauchst aber keine Angst davor zu haben, gleich ein Egoist zu sein, nur weil du nicht sofort springst, wenn jemanden dich um etwas bittet, das du nicht tun willst.

Das Bedürfnis gebraucht zu werden. Für andere da sein zu können, gebraucht zu werden, helfen zu können – all das weckt gute Gefühle. Solange wir es nicht übertreiben. Denn wer unter dem Helfer-Syndrom leidet, brennt über kurz oder lang selbst aus.

Angst, etwas zu versäumen. Ein Aspekt, der sehr oft übersehen wird, der aber ganz entscheidend ist. Vor allem im Freizeitbereich, aber auch im beruflichen oder familiären Umfeld treibt viele das Bedürfnis an, nur nichts zu verpassen. Und so muss man auf jede Feier, zu jeder Veranstaltung, zu jedem Treffen. Lerne, Prioritäten zu setzen! Was macht dir wirklich Spaß?

Wie sagt man Nein?

Nicht »*Es ist nicht der richtige Zeitpunkt …*«

Nicht »*Ich glaube nicht …*«

Nicht »*Ich bin mir nicht sicher …*«

Und auch nicht »*Vielleicht ein anderes Mal …*«

Die grundlegendste Art, Nein zu sagen, ist die direkte. Du kannst eine kleine Erklärung hinzufügen, weshalb es aus deiner Sicht nicht möglich ist (solange du dich dabei nicht entschuldigst). So kann dein Gegenüber es verstehen. Musst du aber nicht. Jeder, der eine Frage stellt, muss mit dem Nein rechnen.

5. Freude kultivieren

Während Gefühle wie Glück gewöhnlich im Außen ihren Ursprung finden und vorübergehender Natur sind, kommt Freude von innen. Freude ist ein Teil von uns. Wer das nicht glaubt, der soll einmal ein Neugeborenes beobachten. Sind seine Grundbedürfnisse gedeckt und gesichert, freut es sich über Kleinigkeiten in einer aufrichtigen und natürlichen Art und Weise. Es ist schwierig, Freude vorzutäuschen. Was diese Freude entfacht ist verschieden. Es kann sein, dass du Freude empfindest, wenn du deine Familie um dich hast, oder wenn du weißt, dass du anderen helfen kannst. Wie auch immer das für dich aussehen mag, spürst du Freude? Dann mach mehr davon.

Anderen helfen. Es ist ein großartiges Gefühl, jemandem in Not zu helfen oder eine Sache zu unterstützen, die für dich von Bedeutung ist.

Jede uneigennützige Handlung erlaubt dir, vom Kopf in dein Herz zu kommen, und erinnert dich daran, dass da noch mehr ist als die eigenen Sorgen.

Dankbarkeit üben. Wir Menschen sind denkende Maschinen. Wie wir schon gesehen haben, werden im Alltag nur allzu oft die gelebten Momente zu Selbstverständlichkeiten. Sich dessen bewusst zu werden, hilft, achtsamer zu sein.

Deine Wahrheit leben. Freude kommt immer von einem Ort, an dem man sich selbst ist. Das erfordert Mut, keine Frage, weil man nur allzu oft unter inneren Druck gerät, wenn man ein anderes Leben in Betracht zieht. Was ist deine innere Wahrheit? Hinter welcher Lebensart kannst du stehen? Wofür würdest du kämpfen?

Mit Vergleichen aufhören. Wir sind es gewohnt, uns kritisch zu begegnen. Wer aber nur an seinen Schwächen arbeitet, hat eines Tages einfach gestärkte Schwächen. Warum den Spieß nicht einfach umdrehen? Gehe einmal davon aus, dass sich alles, was du suchst, bereits in dir befindet. Dein Ziel ist es, dieses Potenzial nun umzusetzen. Stärke kommt nicht von Gewinnen. Stärke kommt durch Erfahrung. Streiche Begriffe wie ›sollte‹ und ›müsste‹ aus deinen Wortschatz. Welche Ansichten gehören zu dir und welche hast du übernommen?

Umgib dich mit glücklichen Momenten. Ob das Fotos sind, die dich inspirieren, Bücher, die heitere Erinnerungen wecken, Musik, Kerzen ... alles ist willkommen, was immer dir ein Lächeln ins Gesicht zaubern kann, wenn du es ansiehst.

6. Loslassen

Loslassen ist eine Entscheidung. Sie hilft dir, nicht mehr länger über Dinge nachgrübeln, die sich deiner Kontrolle entziehen und dich stattdessen auf das zu konzentrieren, was du möchtest.

> *»Loslassen heißt nicht loswerden. Loslassen heißt sein lassen. Wenn wir mit Mitgefühl sein lassen, kommen und gehen die Dinge von selbst«.*
>
> Jack Kornfeld

Was passiert ist, ist geschehen. Das Festhalten am Schmerz bringt keine Heilung. Die Vergangenheit immer und immer wieder zu wiederholen, wird sie nicht ändern. Dinge geschehen nun mal. Manche Menschen haben Schwierigkeiten loszulassen, weil sie glauben, diese Gefühle seien Teil ihrer Identität. In gewisser Weise wissen sie vielleicht nicht, wer sie ohne diesen Teil sind.

Der verspürte Widerstand kommt daher, dass wir die erlebte Realität ändern möchten. Auch hier kann man sich mit Fragen weiterhelfen.

Was könnte passieren, wenn du loslässt? Welcher Teil von dir kann nicht Abschied nehmen? Welche negativen Auswirkungen hat das Festhalten auf dein Leben? Was wird sich in deinem Alltag ändern, wenn du loslässt?

7. Medienkonsum

In unserer vernetzten Welt können wir praktisch zeitgleich erfahren, was in der Welt vor sich geht. Diese Möglichkeit gab es vor einigen Jahren noch nicht. Da aber Medien wie kleine Kinder um unsere Aufmerksamkeit buhlen, müssen die Inhalte immer sensationsfreudiger werden. Sehen wir etwas zum ersten Mal, beeindrucken uns die Bilder. Lesen wir es zum zwanzigsten Mal, schalten wir den Kanal um. Das wissen auch diejenigen, die diese Art der Freizeitbeschäftigung entwickeln. Wir sprechen nicht vergebens von einem Abhängigkeitspotenzial.

Aber es kommt noch dicker. Da zu 98 Prozent nur über das berichtet wird, was nicht geht, bekommt man schnell das Gefühl in einer feindlichen Welt zu leben, in der alles nur noch schlechter wird.

Soziale Netzwerke setzen da noch eine Schippe oben drauf. Wenn die Berichterstattung in den Nachrichten-Feeds meistens nichts mit dir persönlich zu tun hat, so kehren die sozialen Netzwerke das Ganze um. Sie zeigen uns nämlich nur die schönsten Seiten des Lebens. Also das, wofür man gern bewundert werden möchte. Was nicht der Realität entspricht. Die Versuchung ist groß, sich in Vergleichen zu verlieren. Psychologische Studien haben ergeben, dass du dich immer unglücklicher fühlst (auch ohne offensichtlichen Grund), je mehr Zeit du auf sozialen Medien verbringst.

Das Hirn unterscheidet nicht zwischen dem, was wirklich ist, und dem anderen, dem Imaginären. Es verarbeitet alle Informationen, die du ihm fütterst. Egal, ob es diese aus einem Artikel in der Zeitung, einem Horrorfilm oder aus einem Kochrezept bezieht. Es wird alles als Realität annehmen, als wäre es wirklich passiert.

Achte deshalb darauf, was du liest, schaust und wem du folgst!

Sind das inspirierende Sachen, die dich motivieren und dir Freude bereiten? Wie fühlst du dich vorher und wie nachher? Wie viel Zeit verbringst du auf sozialen Medien? Würdest du jederzeit darauf verzichten können? Was macht dieser letzte Gedanke mit dir?

Die intellektuelle Ebene

8. Glaubenssätze

Bevor wir lernen, wie wir limitierende Glaubenssätze loswerden können, wollen wir zunächst wissen, was Überzeugungen überhaupt sind.

Überzeugungen sind Vorstellungen und Annahmen, die sich in unseren Köpfen über uns selbst und unsere Umgebung bilden, und die wir als absolute Wahrheit akzeptieren.

Einschränkende Überzeugungen sind also die Dinge, die du über dich selbst glaubst, die aber letztlich deine Fähigkeiten einschränken. **Denn wenn du etwas nicht für möglich hältst, wirst du es schon erst gar nicht in Betracht ziehen.**

Warum haben wir die denn überhaupt?

Überzeugungen übernehmen ursprünglich eine wichtige Rolle. Damit du dich in der Welt zurechtfindest, braucht dein Gehirn eine Struktur, die Einschätzungen ermöglicht. Es muss voraussehen können, ob dir Gefahr droht oder nicht. Prognostiziert das Gehirn ein mögliches Risiko, muss es schnell handeln. Dabei greift es auf diese vorprogrammierten Handlungsweisen zurück.

Wie bilden wir uns die?

Überzeugungen bilden sich im Allgemeinen auf zwei Arten: durch unsere eigenen Erfahrungen, unsere Schlussfolgerungen und

Deduktionen oder durch das Akzeptieren dessen, was andere für wahr halten.

Die meisten unserer Grundüberzeugungen haben sich in unserer Kindheit geformt. Diese ersten Überzeugungen basieren auf der unmittelbaren Umgebung und auf dem, was du beobachtet, erlebt und gesagt bekommen hast.

Dabei ist es völlig egal, ob es sich dabei um eine Tatsache, eine Meinung oder eine Vermutung handelt. Einmal als Wahrheit etabliert, wird die Überzeugung selten infrage gestellt.

»Wir lernen unsere Glaubenssysteme schon als kleine Kinder und bewegen uns durchs Leben, indem wir Erfahrungen erschaffen, die unseren Überzeugungen entsprechen. Schau in deinem Leben zurück und stelle fest, wie oft du die gleiche Erfahrung gemacht hast.«

Louise L. Hay

Wie identifiziere ich einen Glaubenssatz?

Der beste Weg den negativen Kernüberzeugungen auf die Schliche zu kommen ist, sich seinem inneren Monolog bewusst zu werden. In welchen Situationen tendierst du negativ über dich, andere Menschen oder die Welt zu denken?

Das mag vielleicht albern klingen, weil wir ja ›wissen‹, was wir sagen. Aber du könntest überrascht sein, wie viele Annahmen im gesprochenen Wort ihren Ausdruck finden. Unsere Gespräche sind voller automatischer Reaktionen, die auf unserem Glaubenssystem basieren. Es ist oft schwer, diese Überzeugungen als falsch anzusehen, weil sie mitten in einer Emotion wahr erscheinen.

Wenn ich mich zum Beispiel im Feierabendverkehr aufrege und sage »Hier stockt es immer. Müssen die denn ausgerechnet um diese

Uhrzeit den Belag neu machen?«, sagt das schon sehr viel darüber aus, was ich von Bauarbeiten erwarte, nicht wahr? Oder wenn ich sage »Sie macht mich traurig.« Welcher meiner Erwartungen entspricht sie denn nicht? Die angesprochene Person selbst kann ja nicht die Ursache für meine Traurigkeit sein. Sie hat diese in mir entfacht. Aber warum? Welches Programm hat sie angeknipst?

Wie werde ich einen Glaubenssatz los?

1. Gib ihm einen Namen. Nimm einen Stift und ein Blatt Papier zur Hand und vervollständige den Satz: »Ich befürchte, dass ...« So viele Male, bis dir nichts mehr einfällt. Nicht nachdenken, einfach schreiben, was kommt, auch wenn es vielleicht auf den ersten Blick keinen Sinn ergibt. Beispiel: »Ich befürchte, dass ich immer mit meinem Liebesleben zu kämpfen habe.«

2. Stelle dann fest, wer oder was diesen Leitsatz hervorgebracht haben könnte, und schreibe dir 3 bis 5 Gründe auf, weshalb du das befürchtest. Beispiel: »Ich habe Angst, immer zu kämpfen, weil meine Eltern sich immer gestritten haben, als ich klein war.«

3. Dann mach dir klar, weshalb du heute nicht mehr Angst davor zu haben brauchst. Beispiel: »Ich muss davor nicht mehr Angst haben, weil ich liebenswürdige Partner anziehe / weil ich nicht meine Eltern bin / weil sich die Welt verändert hat ...«

4. Schreib den Leitsatz neu. Was möchtest du von nun an als Grundsatz glauben? Schreib ihn dir auf und wiederhole ihn dir jedes Mal, wenn der veraltete und nichterwünschte Glaubenssatz wieder zum Vorschein kommt.

Beispiel: »Wann immer ich mich darauf eingelassen habe, konnte ich mit Leichtigkeit eine Beziehung beginnen.«

9. Der Innere Kritiker

Es gibt eine winzige Stimme in unserem Hinterkopf, die unsere größten Ängste ausspielt und deinem inneren Dialog eine süchtig machende Wirkung verleiht.

Die meisten von uns sind mit den nörgelnden Gedanken vertraut, die uns sagen, dass wir nicht gut genug sind, die unsere Ziele infrage stellen und unsere Leistungen minimieren. Jeder Mensch ist uneins. Ein Teil von uns ist zielstrebig und selbstbesessen, während ein anderer selbstkritisch und selbstverleugnend ist. Die kritische innere Stimme formt sich aus schmerzhaften Erfahrungen aus der Kindheit, in denen wir verletzende Handlungen gegenüber uns oder uns nahestehenden Menschen miter- lebten oder erfuhren. Wenn wir erwachsen werden, übernehmen und integrieren wir unbewusst diese Muster.

Gelingt es uns nicht, diese innere Kritik zu erkennen und uns von ihr zu trennen, lassen wir sie unser Verhalten beeinflussen und die Richtung unseres Lebens bestimmen. Das kann unsere Erfolge schmälern, unsere Beziehungen sabotieren und uns allgemein daran hindern, das Leben zu leben, das wir führen wollen.

Bedenke, der Verstand schafft ständig Bedeutung und wird es auch immer tun. Mit oder ohne adäquate Information. Wie können wir also diese innere Stimme hinterfragen?

Das funktioniert in etwa wie bei den Glaubenssätzen. Nimm jede Abwertung deines Schmerzes, deiner Bedürfnisse oder deiner Ansprüche zur Kenntnis. Beobachte, wie wenige Gedanken deine Leistungen herunterspielen: »Oh, das hätte jeder tun können ... aber es war nicht perfekt ... ist nichts Besonderes ...«

Versuche dann, den Inneren Kritiker als unglaubwürdig wahrzunehmen. Stell dir ihn als lächerliche Figur vor, wie zum Beispiel einen dummen Cartoon-Bösewicht. Jemand also, der du nicht bist, der dir aber seine Meinung kundtun will. In dieser Weise entziehst du ihm das Fundament der Glaubhaftigkeit.

Dann fokussiere deine Aufmerksamkeit auf das, was du bereits erreicht hast, und träume, wie sich das anfühlen wird, hast du einmal das Ziel erreicht.

10. Ziele setzen

Viele Menschen schlafwandeln durch ihr Leben. Obwohl sie hart arbeiten, tragen sie das frustrierende Gefühl, nicht anzukommen mit sich herum wie einen schweren Umhang.

Das liegt daran, dass sie ohne bestimmte Richtung durchs Leben gehen.

Sie gehen mit der Arbeit, lassen sich treiben, helfen anderen ihre Ziele zu erreichen, indem sie für sie arbeiten. Sie erfüllen jahrelang gewissenhaft ihre Aufgaben, ohne auch nur ansatzweise ihren eigenen Träumen zu lauschen. Diese Menschen sind nicht mehr aktiver Teil ihres Lebens.

Wenn du anfängst, dir Ziele zu setzen und darüber nachzudenken, was du willst, brichst du aus diesem Autopiloten aus. Anstatt sich von anderen zeigen zu lassen, was gut für dich ist, übernimmst du wieder die Verantwortung für dein Leben.

Setzt du dir Ziele, denkst du voraus und gibst dir die Zeit, einen Aktionsplan zu erstellen. Und selbst wenn die Dinge nicht nach Plan verlaufen, ist das in Ordnung, da du Zeit hast, deine Pläne zu hinterfragen, anzupassen und dann in die Richtung deiner ganzen eigenen Vision zu lenken.

1. Ziele geben einen Fokus, der Aufgabe einen Sinn.

2. Ziele helfen, Veränderung zu messen.

3. Ziele helfen, motiviert zu bleiben.

4. Ziele helfen, die Aufschieberitis zu besiegen.

5. Ziele helfen zu erkennen, was du dir im Leben wünschst.

Alle Dinge werden zweimal erschaffen. Zuerst in der Vision, die du aufbaust, dann in der realen Welt.

Wie definiere ich meine Ziele?

1. Denke an etwas, das du tun möchtest oder worauf du hinarbeiten willst. Schreibe es auf. Zerlege es in kleinere Etappen. Was ist der erste Schritt? Der zweite?

2. Erzähle es jemandem. Die Wahrscheinlichkeit, dass wir ein Ziel erreichen, steigt drastisch, wenn wir wissen, dass andere davon wissen.

3. Starte, bevor du bereit bist. Sonst wirst du zuerst noch einen Kurs machen und noch ein Buch lesen und ... nie anfangen.

4. Setzte dir ein Zeitlimit oder teile dir die einzelnen Etappen zeitlich ein. Halte dich dann an deinen Plan.

5. Passe dein Projekt immer wieder an die Gegebenheiten an. Du solltest während des

ganzen Wegs Freude daran haben, denn der Weg ist genauso wichtig wie das Ziel selbst. Zelebriere deshalb auch die kleinen Erfolge, so behältst du die Motivation aufrecht.

11. Mental Load

Als *Mental Load* bezeichnet man gemeinhin all die geistige Arbeit, die Organisation, Listenerstellung und Planung, die du leistest, um dein Leben und das der von dir abhängigen Menschen zu bewältigen. Die meisten von uns tragen irgendeine Form von mentaler Auslastung, sei es bei der Arbeit, im Haushalt, bei finanziellen Verpflichtungen oder im Privatleben.

Wie kann ich mir das vorstellen?

Angenommen es ist Mittag. Du bist beim Kochen. Deine zwei Kinder reden gleichzeitig auf dich ein, der Alarm deines Telefons geht, um dich daran zu erinnern, dass du ja noch Wäsche in der Waschmaschine hast. Die Butter ist alle und sollte auf der Einkaufsliste vermerkt werden. Das Wasser der Pasta kocht über. Ein

Kind streckt dir eine wichtige Mitteilung der Lehrerschaft hin. Jemand ruft nach dir, weil er seine Turnschuhe nicht findet? Beiläufig erwähnt ein Kind, dass sie kurzfristig auf Klassenfahrt gehen. Du machst dir eine mentale Notiz wegen Picknick und so. Aber soll es am besagten Tag nicht regnen? Du siehst, wohin das führt?

Genau, Überlastung. Seit den frühen Siebzigerjahren wird *Mental Load* als Begriff für geistige Belastungserscheinungen verwendet und ihr Zusammenhang mit Stress sowie Auswirkungen auf Vitalparameter in verschiedenen Berufsgruppen diskutiert. Die jetzige Verwendung des Begriffs entspringt vorrangig dem gleichnamigen Comic der französischen Zeichnerin Emma, der durch die britische Tageszeitung *The Guardian* größere Bekanntheit errang. In diesem wird ungleiche Aufgaben- und Rollenverteilung bei Paaren thematisiert.

Der Aufwand im Haushalt zum Beispiel wird demnach in den seltensten Fällen von beiden Partnern wahrgenommen. Und tatsächlich ist oft die Person betroffen, die sich dem Haushalt und den Kindern widmet. Nicht nur ist die Arbeit nicht als solche anerkannt (denn sie bringt ja kein Geld), aber sie wird oft als selbstverständlich angesehen. Was viele nicht bedenken, ist die Tatsache, dass sie nicht innerhalb von Bürozeiten erledigt werden kann und die verantwortliche Person während 24 Stunden am Tag und 7 Tagen die Woche präsent sein muss. Keine Möglichkeit abzuschalten.

Menschen übernehmen die psychische Belastung, weil wir auf diese Weise sozialisiert worden sind. Im klassischen Rollenbild übernahmen unsere Mütter und Großmütter diese Rolle. Deshalb fühlen sich viele Frauen dazu verpflichtet, die Aufgabe weiterzuführen. Es handelt sich aber im Grunde um ein gesellschaftliches Problem.

Was kannst du tun?

Reduziere deine Erwartungen! Um einen Haushalt wie die in den Zeitschriften zu haben, braucht es zwei Dinge:

– eine riesige Menge an Arbeit und Zeit

– niemand zu Hause, der diese Arbeit wieder zunichtemachen kann.

Ein Ding der Unmöglichkeit also. Der erste Rat wäre, miteinander zu reden. Denn die Chancen stehen gut, dass andere diese Belastung gar nicht wahrnehmen. Und dann sich eingestehen, dass perfekt sein zu wollen nicht die Lösung für dein Problem darstellt.

Gut genug ist das neue Perfekt! Fangen wir also an, das zu akzeptieren und unsere Erwartungen zu reduzieren. Perfektionismus lebt und atmet mit deiner Angst, einen Fehler zu machen, und der Frage »*Bin ich denn genug?*«.

Perfektionismus lebt, weil du von anderen Menschen erwartest, dass sie deinem Tun eine Bedeutung geben, du dich also auf ihre Meinungen verlässt, um dir ein Gefühl von deinem Wert zu vermitteln.

Das Leben ist zu kurz, um dich hinten anzustellen. Wenn jeder etwas dazu beiträgt, wird sich nichts ändern, aber allen ist geholfen. Denn Helfen heißt schlussendlich auch Verantwortung übernehmen.

Delegiere und lass los! Das heißt, die vielen Aufgaben werden unter den Menschen verteilt, die da wohnen. Ob Haushaltsarbeiten, Einkauf, Kochen, Planen. Die Verantwortung zu delegieren bedeutet aber auch, sich von jeder Verantwortung freizusprechen (einschließlich des Denkens und Planens!). Lass die anderen ihre Entscheidungen treffen und die Aufgaben so lösen, wie sie es möchten.

Hör auf zu urteilen! Das gilt auch für Freunde, Familie und dich selbst. Hast du eine Bekannte, die ihr Kind immer drei Minuten nach Ende der Kinderbetreuung abholt? Höre auf zu urteilen. Hast du eine Freundin, die nie ihre Kleidung bügelt? Ist nicht dein Problem. Hast du einen Partner, der Sandwich zum Frühstück, Mittag- und Abendessen für angemessen hält? Urteile nicht. Wer darf sagen, wie es richtig gemacht wird? Willst du glücklich sein oder recht haben? Wichtig ist doch, dass die Aufgabe gelöst wird. Überlass das Wie anderen. Und wenn jemand seine Aufgabe nicht erledigt? Dann gibt es nur eine Art zu reagieren: Tu es nicht an seiner / ihrer Stelle.

Ordnung schaffen! Entrümpeln ist pure Magie! Je weniger du hast, desto weniger Arbeit und Zeit brauchst du dafür aufzuwenden. Vor allem mit Kindern ist die Herausforderung groß, nicht im Chaos zu versinken. Einfachheit ist der Schlüssel zu einem leichteren Leben.

Minimalismus bedeutet nicht, dass man alle seine Sachen weggeben soll. Es bedeutet einfach, den Besitz loszulassen, den man nicht mehr braucht und so dem Verbliebenen wieder einen Wert gibt. Sei bitte ehrlich zu dir. Brauchst du so viele Teller / Kleider / Sachen / Spielzeuge / Geräte / Deko-Objekte? Was macht dich glücklich, wenn du es in den Händen hältst?

Schreibe eine To-do-Liste! Und hänge sie dort auf, wo sie jeder sehen kann. Darauf notierst du alles, was getan werden muss. Wenn du nämlich nachsehen kannst, was ansteht, trägst du weniger mit dir im Kopf herum. Und nein, es muss nicht die ganze Liste am gleichen Tag erledigt werden. Zwei bis drei Aufgaben pro Tag reichen. Gönne dir den Rest der Zeit, um etwas für dich zu tun.

Die soziale Ebene

12. Wer tut dir gut?

> *»Auf der Suche nach Anerkennung und Fürsorge streben wir danach, zur Person zu werden, die wir meinen sein zu müssen.«*
>
> *Katharina Tempel*

Der erfolgreiche Unternehmer und Motivationstrainer Jim Rohn soll gesagt haben, dass wir der Durchschnitt der fünf Menschen sind, mit denen wir die meiste Zeit verbringen.

Halte hier einmal kurz inne und frage dich, wer sind denn in deinem Leben diese fünf Personen? Schreibe dir die Namen auf, die dir spontan in den Sinn kommen. Dann lege die Liste weg. Wir werden darauf zurückkommen.

Was meinte nun Rohn damit? Die Aussage basiert auf dem Gesetz des Durchschnitts, das heißt auf der Theorie, dass das Ergebnis einer gegebenen Situation der Durchschnitt aller möglichen Ergebnisse ist.

Anders gesagt: Wir werden von den uns am nächsten stehenden Menschen viel stärker beeinflusst, als wir glauben – ob wir es wahrhaben wollen oder nicht. Sie haben Einfluss auf unsere Art zu denken, unser Selbstbewusstsein und nicht zuletzt auch auf unsere Entscheidungen.

»Die Menschen, mit denen du dich umgibst, sind ein ausgezeichneter Spiegel dafür, wie sehr du dich oder eben wie wenig du dich liebst.«

Jen Sincero

Jetzt gibt es Menschen, die unterstützen dich, die helfen dir, freuen sich für dich und akzeptieren deine Meinung und Wünsche. Und es gibt die anderen.

Nimm jetzt die Liste wieder hervor, die du eben gemacht hast. Lies den ersten Namen. Was geht in dir vor? Spürst du Freude, Gleichgültigkeit, Anspannung? Lies den zweiten Namen. Wie reagierst du auf diese Person? Beobachte, wie dein Nervensystem auf das innere Bild dieses Menschen reagiert.

Das kannst du mit allen Menschen in deinem direkten oder indirekten Umfeld machen.

Funktioniert übrigens auch sehr gut mit deinem Social-Media-Feed.

Heißt das jetzt, du darfst sie nicht mehr sehen? Nein, tut es nicht.

> *»Ich versuche, Personen oder Situationen, die mir nicht guttun, zu meiden, wenn ich mich in einem verletzlichen Zustand befinde. Es ist mir wichtig, einen Schritt zurückzutreten und zu erkennen, wo meine Grenzen liegen.«*
>
> *Melanie Luxenberg*

Du musst niemanden aus deinem Leben verbannen. Wenn wir aber von Selbstfürsorge reden, dann geht es darum Dinge / Menschen / Situationen aus dem Weg zu gehen, die dich Energie / Zeit / Nerven kosten. Negative oder kritische Menschen brauchen nun mal Energie.

Willst du diese investieren oder lieber für deine Ziele bereit halten?

13. Arbeit und Freude

In unserer Gesellschaft müssen wir uns schon
sehr früh für eine berufliche Laufbahn
entscheiden, obwohl wir wissen, dass sich
unsere Interessen stetig ändern werden.
Beziehungen, Kinder oder das persönliche
Umfeld lassen neue Bedürfnisse entstehen und
alte Gewohnheiten verschwinden. In den
meisten Fällen behalten wir den Beruf jedoch
bei, auch wenn er irgendwann nicht mehr zu
uns passt.

Aber was ist Arbeit überhaupt?

Arbeit ist eine Aktivität, die geistige oder
körperliche Anstrengung zur Erreichung eines
Zwecks oder Ergebnisses beinhaltet.
Früher galt sie dem Organisieren und
Verarbeiten von Nahrung und anderen über-
lebenswichtigen Dingen. Heute ausschließlich

dem Verdienen von Geld. Ich gehe arbeiten, verdiene damit Geld, und kaufe dann davon, was ich brauche.

Was wir über die Jahre aus den Augen verloren haben, ist der Sinn unseres professionellen Tuns. Wie viele Menschen gehen heute zur Arbeit, weil sie einen Sinn darin sehen? Und wie viele tun einfach, was man ihnen sagt, um sich den Komfort des monatlichen Gehaltes zu sichern?

Genau das ist der Stolperstein hinter der latenten Frustration, der ›Ich-lebe-fürs-Wochenende‹-Mentalität und Sprüchen wie ›Schreibt man Montag mit einem oder zwei Mittelfingern?‹. Hinterfragt man die durch finanziellen Druck aufgebaute Komfortzone erhält man Antworten wie ›Es geht schon‹ oder ›Ich kann ja dankbar sein, dass ich überhaupt arbeiten kann‹. Klingt irgendwie nicht nach Motivation, oder?

Gehörst du zu den Menschen, die am Morgen glücklich und motiviert aufstehen und sich auf den Tag freuen? Ich möchte dir hier eine kleine Überlegungsoase gönnen.

Nehmen wir einmal an, alles wäre möglich. Also keine finanziellen, sozialen oder familiären Vorbehalte. Stell dir nun vor, du könntest deinen berufsmäßigen Werdegang heute neu starten. Würdest du den Job, den du hast, wieder-wählen? Wenn nein, warum nicht? Spüre in dich hinein! Was lässt dein Herz höherschlagen? Gibt es etwas, wofür du dich einsetzen möchtest? Wofür würdest du auch mitten in der Nacht aufstehen?

Im Durchschnitt verbringen wir die Hälfte unseres Lebens am Arbeitsplatz. Ist das nicht viel Zeit, um sich mit Dingen zu beschäftigen, die dir nicht mehr entsprechen?

»Jeder Tag ist die neue Chance, die Geschichte über dein Leben zu schreiben, für die du in Erinnerung bleiben möchtest.«

Laura Malina Seiler

Jetzt wirst du mir sagen, dass du doch nicht alles über den Haufen werfen kannst. Einfach so. Und ich sage, **Zufriedenheit ist immer nur eine Entscheidung weit von dir entfernt**.

Vielleicht kannst du deine Situation nicht von heute auf morgen ändern, aber innerhalb einiger Monate? Oder Jahre? Was möchtest du denn erschaffen? Wofür würde es sich für dich lohnen, aufzustehen?

14. Konflikte ansprechen

Die meisten von uns versuchen, ihren Alltag so konfliktfrei wie möglich zu bewältigen - und das ist großartig. Leider löst sich ein Konflikt aber nicht einfach auf, weil wir ihm aus dem Weg gehen.

Wenn wir mit einer anderen Person oder Situation in Konflikt stehen, verlieren wir oft unser inneres Gleichgewicht. Dies kann unabhängig davon geschehen, ob wir unsere Gefühle und Gedanken nach außen tragen oder nicht.

Die innere Hilflosigkeit wird sichtbar, wenn selbstbeschränkende Überzeugungen auftauchen oder wenn wir uns zu lange über das Geschehene Sorgen machen. Negative Gefühle über die andere Person / Situation / uns selbst nehmen überhand. Wir machen aus einem

Mückenproblem einen Elefanten von möglichen und fiktiven Konsequenzen.

> *»Ein Konflikt ist eine natürliche Meinungsverschiedenheit, die sich aus Einzelpersonen oder Gruppen ergibt, die sich in ihren Einstellungen, Überzeugungen, Werten oder Bedürfnissen unterscheiden.«*
>
> Anonym

Diese einfache Aussage half mir zu erkennen, dass Konflikte etwas Natürliches und Selbstverständliches sind. Die Welt ist voller Konflikte. Ein solcher muss aber nicht zwingendermaßen negativ sein. Es ist ein Aufeinandertreffen von mindestens zwei verschiedenen Ansichten; es geht nicht darum zu wissen, wer recht hat (dann machen wir die Situation persönlich), sondern lösungsorientiert auf die Schwierigkeit zuzugehen.

Hierzu müssen wir den Konflikt aber ansprechen.

Schweigen gilt als Zustimmung. Du magst vielleicht denken, dass Schweigen dich davon abhält, in einen Konflikt verwickelt zu werden, aber das Gegenteil ist der Fall. Schweigen ist eine ebenso aktive Form der Kommunikation wie Sprechen.

Das Gemeinwohl sollte die Priorität sein. Ich glaube, dass die meisten Menschen von Natur aus gutherzig sind. Viele sprechen Konflikte nicht an, weil sie keinen Schaden anrichten wollen, indem sie jemanden beleidigen oder kritisieren könnten.

Erkenne, dass du investiert bist. Warum berührt dich die Situation überhaupt? Etwas in dir oder jemand anders hat dich in die Dynamik eingeladen. Wenn du wirklich kein Interesse daran haben würdest, befändest du dich nicht in der Situation. Was steckt also dahinter?

Niemand sonst kann es wissen. Du kannst nicht davon ausgehen, dass das Offensichtliche auf der Hand liegt. Deine Erfahrung und dein Wissen haben in einer gegebenen Situation immer einen Wert. Niemand sonst hat deine persönliche Perspektive. Was kannst du als sachliche Information beitragen, um der Situation Hilfe zu leisten?

Vielleicht bist du mit deinem Denken nicht allein. Es ist durchaus möglich, dass deine Beobachtungen und Schlussfolgerungen auch in den Köpfen anderer aufgetaucht sind. Andere teilen diese Gedanken und Meinungen, sind aber vielleicht nicht bereit, das Wort zu ergreifen. Indem du deine Meinung sagst, ermutigst du andere, sich ebenfalls zu äußern.

Jetzt musste ich nur noch wissen, wie ich Konflikte ansprechen soll. Denn ich will, dass Menschen wissen, was für mich wichtig ist. Ich musste also in der Lage sein, Verantwortung für meine Bedürfnisse zu übernehmen und sie zum Ausdruck zu bringen.

Als Erstes schrieb ich mir all die Dinge auf, die ich zu sagen pflegte, die aber meine Bedürfnisse nicht berücksichtigten. Dann ergänzte ich diese mit Möglichkeiten, meinen Wünschen Ausdruck zu geben.

Starte mit einer Ich-Aussage. Beschreibe was dich bedrückt, ohne den anderen abzuwerten. Wie wirkt sich die Situation auf dich aus? Welches Gefühl hast du im Moment? Was hat dazu beigetragen, dass du dich so fühlst?

Die große Herausforderung in einem Konfliktgespräch besteht darin, nicht mit Gegenargumenten zu reagieren. Viel klüger ist es, wenn du nicht inhaltlich auf unfreundliche oder gar aggressive Äußerungen eingehst, sondern sie einfach so stehen lässt.

Entschärfe Du-Botschaften und interpretiere die Botschaft zwischen den Zeilen:

Klaus sagt gereizt: »Das finde ich eine Unverschämtheit! So was muss ich mir nicht sagen lassen!«

Sabine hört seine Empörung und könnte besänftigend sagen: »Du findest meinen Ton unangebracht.«

Dein Fokus liegt auf deinem Bedürfnis und nicht auf dem Verhalten deines Konflikt-partners.

Lass die Lösung kommen. Lass dein Gegenüber selbst herausfinden, wie ihr das machen könntet. Halte das Wechselspiel so lange am Laufen, bis die andere Person Lösungsvorschläge bringt. Denn dann kannst du sicher sein, dass sie auch bereit ist, auf dich zuzugehen.

Reagiere wohlwollend auf die Argumente deines Gegenübers, selbst wenn sie unfreundlich formuliert sind. Es ist zwar sehr verlockend, es garstigen Mitmenschen entsprechend heimzuzahlen. Aber bedenke, dass aggressive Menschen die Kommunikation vielleicht so gelernt haben und es gar nicht anders können. Lass dich also nicht davon beeinflussen, wenn dein Konfliktpartner sich abwertend und unfair verhält. Bleibe trotzdem gelassen und konstruktiv. Denn langfristig wirst du damit besser fahren, weil du dabei zu dir stehst.

Man hört nicht zu, um zu antworten. Ich höre zu, um zu verstehen.

Als ich anfing, nach diesem Grundsatz zu leben, begann ich mich selbst als gut genug zu sehen. Dementsprechend veränderte sich mein Auftreten. Und plötzlich begann mein Umfeld, mich auch so zu sehen.

Wir müssen uns selbst akzeptieren, um von anderen akzeptiert zu werden, und wir dürfen den Menschen beibringen, wie wir behandelt werden möchten.

15. Hilfe annehmen

Zu viele Jahre verbrachte ich damit, die Dinge selbst in die Hand zu nehmen. Dahinter versteckte sich meistens der Wunsch, meine Bedürfnisse und Unsicherheiten vor anderen zu verbergen. Ich hatte Angst, bloßgestellt zu werden. Die Kontrolle zu verlieren. In jeder Lage ging es darum, zu zeigen, dass ich alles im Griff hatte, und so sah es auch aus.

Die Betonung liegt hier auf *Aussehen*.

Die Psychologin Maria Sirois stellte richtig fest, dass die Angst, um Hilfe zu bitten, oft von Schamgefühlen begleitet wird:

> *»Wir glauben, dass wir uns irren, weil wir uns nicht gut dabei fühlen, um Hilfe zu bitten. In dieser Form der Reaktion schwingt der Gedanke mit,*

dass andere Menschen weiser und besser sind als wir. Wuchsen wir zum Beispiel in Familiensystemen auf, in denen um Hilfe zu bitten als schwach angesehen wurde, dann gibt es um uns herum eine Selbstbeurteilung. Einige von uns haben wiederum die Hand nach Hilfe ausgestreckt und wurden abgelehnt oder schlecht betreut, sodass wir Angst haben, noch einmal zu fragen.«

Für mich bedurfte es einer Burnout-artigen Krise, um zu erkennen, dass für mich diese ›*Ich werde alles selbst machen*‹-Masche letztlich eine höchst einsame und ineffektive Art zu leben ist.

Irgendwann konnte ich nicht anders, als Hilfe in Anspruch nehmen. Und siehe da, Menschen helfen gerne. Sie fühlen sich manchmal sogar geehrt, wenn man sie bittet. Geben macht einen stärker als Nehmen. Menschen, die selbstlos –

also ohne die Erwartung, etwas für eine Handlung zurückzubekommen – anderen Menschen beistehen, fühlen sich in ihrem Selbstwert bestärkt. Diese Form von Altruismus führt letztendlich wieder zu mehr Dankbarkeit im Leben.

»Der Mensch verspürt Freude, wenn er anderen einen Dienst erweisen kann.«

Aristoteles

Wenn sich das aber für dich schwierig anhört, kann ich das verstehen. War es auch für mich. Dann habe ich angefangen, aufmerksam zu beobachten, wie oft Menschen mich selber um Hilfe baten, wie viel Dinge ich für andere tat. Und das sind in einem Tag ganz schön viele.

Keiner von uns kann sein Leben ohne andere leben. Wir sind ständig in der Interaktion, ob im beruflichen Umfeld oder in der Familie, ob im

Supermarkt oder auf der Straße. Meine Geschichte hat mich gelehrt, dass das Bitten um und das Annehmen von Hilfe mich Menschen tatsächlich näher bringt und wunderbare Verbundenheit schaffen kann. Es geht nicht nur um das Tun. Auch Zuhören kann Hilfe sein. Auch die Tür aufhalten, wenn jemand beladen ins Gebäude will.

Für mich war das eine sehr heilsame Erfahrung. Und wenn du immer noch zögerst, beginne klein. **Aber bedenke, wer nicht fragt, für den ist die Antwort immer Nein.**

Die spirituelle Ebene

16. Dankbarkeit

Eine Möglichkeit, den Stress in den Griff zu bekommen ist, Dankbarkeit als eine nährende Selbstfürsorge-Praxis zu kultivieren. Die regelmäßige Ausübung von Dankbarkeit wird mit mehr Optimismus, besserem Schlaf, weniger körperlichen Beschwerden und weniger Angst und Depressionen in Verbindung gebracht.

Schön und gut. Kann ja jeder sagen. Und jetzt?

Das Sich-Üben in Dankbarkeit kann und wird das Gehirn umgestalten.

Sagen wir mal, da ist ein Pessimist. Er sucht immer nach dem, was mit einer Person oder einer Situation nicht stimmt. Die negative Einstellung wirkt sich nicht nur darauf aus, wie er sich fühlt. Seine Denkweise manifestiert sich auch als neuronale Bahn im Gehirn. Während er diesen negativen Weg immer öfter beschreitet, entstehen neue Verbindungen zwischen den Nervenzellen, die diesen spezifischen Denkprozess erleichtern.

Diese ermöglichen es dem Gehirn, die Geschwindigkeit der Informationsübertragung zu beschleunigen. Je mehr dieser Mensch also das Gleiche denkt, desto stärker wird diese Verbindung im Gehirn sein. Je stärker diese Anbindung ist, desto öfter wird sie benutzt.

Man fährt ja auch nicht mit dem Auto über einen holprigen Feldweg, wenn man eine dreispurige Autobahn benutzen kann, oder? Durch seine wiederholenden Gedanken festigt er das negative Weltbild physisch in seinem Gehirn.

Wenn er nun anfängt, seine Gedanken auf das Gute in einem bestimmten Moment zu fokussieren, wird unser Herr P. Essimist ganz andere Neuronen benutzen. Mit der Praxis wird er diese andere, positive Verbindung verstärken und ein neuer neuronaler Pfad entsteht. Auch dieser stärkt sich mit jedem Mal, wenn er ihn benutzt. Irgendwann wird es einfacher sein, für die Informationen diesen neuen Weg zu gehen. Der alte Pfad der negativen Gedanken, da weniger gebraucht, wird zerfallen. Mit der Zeit wird die physische Struktur des Gehirns also neu verdrahtet.

Fokussiere dich immer auf Positives!

Die folgende Übung kannst du jederzeit in deinen Tag einbauen. Am effektivsten sind sie, bevor man aufsteht oder kurz vor dem Einschlafen:

Denke an etwas, wofür du dankbar bist. Es kann alles sein, egal ob groß oder klein. Im Kleinen liegt ja bekanntlich das Glück. Dankbar kann man sein für seinen Job, seine Familie, unterstützende Kollegen, aber auch für das warme Wasser der Dusche oder eine Tasse Kaffee. Es gibt hier kein richtig oder falsch. Du kannst für alles Erhaltene, alles Gefühlte oder für Erlebtes ›Danke‹ sagen. Danke für das Gespräch. Danke für den Bus, der dich zum Arbeitsplatz fährt. Danke für die Sonne. Was auch immer für dich wichtig ist, lenke deine Aufmerksamkeit dorthin.

Und jetzt fühle hinein. Nimm dir einige Augenblicke Zeit, in diesem Gefühl zu sein, ganz bei dir. Spüre die Freude, die sich bemerkbar macht.

Es gibt unzählige Momente in einem Tag, an denen du das praktizieren kannst. Wie viel Zeit warten wir zum Beispiel darauf, dass ein

Computer hochfährt? Nutze sie. Oder wenn du deine Zähne putzt. Wenn du auf den Zug wartest. Oder in der Warteschlange vor dem Imbiss.

Eine andere Methode ist, dir einen Alarm zu setzen. Bei jedem Klingeln gibt es einen Moment der Dankbarkeit.

Ich verspreche dir, das Spiel kann richtig Spaß machen.

17. Affirmationen

Ich bin mir bewusst, dass der Begriff ›Affirmationen‹ Menschen abschrecken kann. Ist es nicht befremdend, wie die Idee nett mit sich zu sprechen, anfangs seltsam klingt? Wir sind das einfach nicht gewohnt, weil wir uns ja immer hinten anstellen. Und irgendwie ist es ja selbstverständlich, was wir tun, was wir sind.

Ist es eben nicht.

Vielleicht hältst du Affirmationen für etwas Albernes. Vielleicht glaubst du, dass Affirmationen nichts anderes als positives Denken sind. Wie könnte etwas so Einfaches eine wirkliche Veränderung in deinem Alltag bewirken?

Ich bin hier, um dir zu sagen, dass Affirmationen lebensverändernd sind. Und unter uns, wir denken ja sowieso, also wieso nicht gleich positiv?

Wir haben gesehen, dass je mehr man sich etwas sagt, desto mehr beginnt man es zu glauben. Und genau deshalb funktionieren Affirmationen.

Die bejahenden Aussagen werden deine Gedanken und Überzeugungen auf einer unbewussten Ebene neu definieren. Die Wiederholung trägt dazu bei, dass dein Unterbewusstsein zuerst die bestehenden Überzeugungen infrage stellt und sie dann in einem weiteren Schritt überschreibt. Neue Denkweisen werden automatisch neue Handlungsweisen hervorbringen, also eine andere Energie.

Das Schöne daran: **Was wir tief im Innern glauben, werden wir auch im Außen erleben können.**

Wie schreibe ich Affirmationen?

Es gibt zwei Regeln. Sie muss positiv formuliert sein und im Präsens.

Wenn du dir sagst, dass du etwas nicht kaufen kannst, weil das viel kostet, dann sagst du deinem Verstand im Grunde genommen, er soll dich stets pleite halten. Eine Affirmation sollte immer aus einem Gefühl der Fülle heraus geschrieben werden und nicht aus einem Standpunkt des Mangels.

Es gibt aber kleine Dinge, auf die man bei Affirmationen achten sollte.

Eine beliebte Falle ist zum Beispiel die, ein Ziel zu formulieren, das nicht im eigenen Einflussbereich liegt. Ich kann mit Affirmationen ja letztlich nur meine eigenen Gedanken beeinflussen. Aus »Mein Chef wird immer freundlicher zu mir …« entsteht so »Ich komme jeden Tag besser und besser mit meinem Chef zurecht, egal was er tut …«

Aber warum im Präsens? Mit der Gegenwartsform teilst du deinem Verstand mit, dass das Gewünschte bereits da ist. Da es sich bereits in deinem Leben befindet, muss nicht darüber diskutiert werden. Die Annahme wird das Umdenken beschleunigen.

> *»Der Trick ist hier, das Problem (wovon will ich weg?) in ein Ziel (wo will ich hin?) umzuwandeln. Denn wenn du im Restaurant sagst: ›Ich will keine Pizza‹, dann weiß der Kellner trotzdem nicht, was er dir bringen soll.«*
>
> *Ralf Senftleben*

Eine der besten Arten Affirmationen zu beginnen, ist mit Dankbarkeit. Sätze wie »Ich bin dankbar, dass …« oder »Ich erlaube mir …«

umgehen den Inneren Kritiker. Auch Zusätze wie »jeden Tag mehr und mehr« oder »Ich freue mich, dass ...« Verstärken die Absichten.

Affirmationen in drei Schritten:

1. Ich verdiene es, ...

(Ich-Form, Präsens, Wertschätzung)

2. ... immer häufiger ...

(Verstärkende Wirkung)

3. ... gute Bekanntschaften zu machen.

(Wohin will ich? Zum Beispiel: aus der Einsamkeit raus)

Hast du einmal deine Affirmation, gibt es nur noch eins: wiederholen. So oft es geht. Lesen, hören, schreiben, sagen. Immer und immer wieder.

Bereits nach einigen Tagen wirst du spüren, dass eine Veränderung vor sich geht. Manchmal begleitet diese Wandlung ein ungemütliches Gefühl. Das ist normal und sollte dich nicht davon abhalten, weiterzumachen. Irgendwie ist das ja auch verständlich. Hier werden alte Denkgewohnheiten herausgefordert, die bisher dein Weltbild beeinflussten. Die lassen sich nicht einfach so ersetzen.

Falls du mit der Idee spielen solltest, aufzuhören, denke daran, weshalb du überhaupt damit angefangen hast. Das wird dir die nötige Motivation geben. Manchmal ist man dem Ziel näher, als man denkt. Viele Menschen sind nur nicht erfolgreich, weil sie zu früh aufgegeben haben.

18. Kreativität ausleben

Bei der kreativen Selbstfürsorge geht es darum, die Seele zu nähren.

Hast du im Alltag das Gefühl, in einem Trott festzusitzen? Hast du den Wunsch, etwas anderes auszuprobieren, willst aber nicht dein ganzes Leben verändern? Reizt dich vielleicht der Gedanke, etwas Neues zu lernen?

Für viele Menschen wird Kreativität Kindeserinnerungen wachrufen. Als wir noch mit Legosteinen ein Königreich erfanden, stundenlang malten und bastelten. Das taten wir, als wir jünger waren. Als Erwachsener geben wir uns für solche Aktivitäten nicht mehr die benötigte Zeit. Aber warum eigentlich?

Muss denn alles ein Ziel haben im Leben oder darf es auch einfach mal Spaß machen?

Kreativität hilft uns, auf einer tieferen Ebene uns mit dem zu verbinden, was wir sind. Sie ermöglicht uns, Gefühlen Form zu geben, dem Stress einen Ausweg, dem Druck ein Ventil.

Aber was soll ich denn tun? Denke mal zurück an die Sachen, die du als Kind besonders gern gemacht hast. Welche Tätigkeiten ließen dich die Zeit vergessen? Vielleicht liebtest du es, mit Buntstiften deiner inneren Welt Ausdruck zu geben. Vielleicht verbrachtest du Stunden damit, Puzzles zusammenzustellen.

Natürlich kannst du auch kreative Möglichkeiten erkunden, die du als Kind zwar machen wolltest, aber nie konntest. Vielleicht träumtest du davon, ein Musikinstrument zu lernen oder Tanzstunden zu nehmen. Oder zu stricken. Oder dir eine Fremdsprache näher zu bringen. Und denjenigen, die jetzt sagen, sie seien doch zu alt dafür möchte ich entgegnen, dass es nie zu spät ist, so zu sein, wie man es gern gewesen wäre.

Deiner Kreativität sind absolut keine Grenzen gesetzt. Kochen, ein Tagebuch führen, malen, schreiben, tanzen, töpfern ... es gibt so viele Möglichkeiten.

Für die meisten Menschen werden im kreativen Handeln Teile des Gehirns genutzt, die man im täglichen Leben nicht mehr braucht. Indem man neue Dinge lernt, und sein Gehirn auf für sich ungewohnte Weise arbeiten lässt, trainiert man es neu. Das Legen neuer Nervenbahnen wird nicht nur das eigene Weltbild verändern, sondern auch, was du über dich selbst denkst.

Studien haben gezeigt, dass Stresshormone wie Cortisol abnehmen, während wir etwas Kreatives tun, und dass die Zufriedenheit, die mit der Aktivität einhergeht, noch lange nachwirkt.

Es kann abenteuerlich sein, Kreativität in deine Selbstfürsorge-Routine zu integrieren, da es keine festen Regeln gibt. Es gibt keinen richtigen oder falschen Weg, sich auszudrücken, wenn der einzige Zweck darin besteht, sich selbst Freude zu bereiten.

Und aus Freude sollte jedes Leben bestehen.

Geschichte schreiben

»Am Ende werden wir alle zu Geschichten.«

Margaret Atwood

Welche Geschichte möchtest du sein? In welcher spielst du gerade mit? Wer führt Regie? Welche deiner Überzeugungen schreibt das Szenario?

Wie du über dich selbst denkst und mit dir umgehst, bestimmt wie du dich fühlst. Wie du dich fühlst bestimmt, wie du im Leben klarkommst und wie du reagierst. Und wie du im Leben klarkommst, entscheidet letztendlich über deine Lebensqualität.

Werde dir deiner Geschichten bewusst. Vergiss nicht, Geschichten sind ungetestete, nicht überprüfte Theorien, die uns sagen wollen, wie die Dinge sind. Sie bestehen aus Gedankenserien, von denen wir uns selbst überzeugen, dass sie real sind. Ob du sie annimmst oder nicht, ist deine Entscheidung.

Achte auf deine Gedanken! Höre genauer hin, wenn du mit der Realität, so wie du sie wahrnimmst, in Konflikt kommst. Wenn es um dich laut wird, werde leise. Frage deine Gefühle um Rat. Welches Bedürfnis möchte sich mitteilen? Innerer Druck entsteht oftmals, weil man eine Abmachung mit sich selbst bricht. Wenn dich etwas stört, frage nicht »Was soll ich nun tun?«, aber »Welcher Teil von mir fühlt sich nicht verstanden?«

Irgendwann wirst du merken, dass die wahre Ursache des Problems nicht das Leben selbst ist.

Es ist die Aufregung in deinem Verstand, die das Problem verursacht.

> *»Nur du kannst dir die innere Freiheit nehmen oder sie dir selbst geben. Niemand sonst kann das.«*
>
> Michael A. Singer

Sei liebevoll mit dir auf dem Weg zu dir selbst. Entscheide dich heute bewusst dafür, an dich und deine Fähigkeiten zu glauben. Rom wurde nicht an einem Tag erbaut. Jeder Schritt – ob mit positivem oder negativem Ergebnis – lässt dich wachsen, gibt dir neue Zuversicht und Stärke.

Also: Nicht aufgeben. Dranbleiben. Ich weiß jetzt, dass ich es mir wert bin.

Und du auch.

Literaturtipps

Jean-Pascal Ansermoz: The Edge (BoD 2019)

Christina Berndt: Individuation (DTV 2019)

Brené Brown: Die Gaben der Unvollkommenheit (Kamphausen 2014)

Katie Byron: Lieben was ist (Arkana 2002)

Dale Carnegie: Wie man Freunde gewinnt (Fischer TB, 2011)

Stephen Covey: Die 7 Wege zur Effektivität (Gabal, 2020)

Joe Dispenza: Ein neues Ich (Koha 2012)

Barrie Davenport: Räum dich auf (Frech 2018)

Elizabeth Gilbert: Big Magic (Fischer TB 2017)

Yuval Noah Harari: Eine kurze Geschichte der Menschheit (Pantheon 2015)

Louise Hay: Gesundheit für Körper und Seele (Ullstein, 2010)

Esther Hicks: Wie unsere Gefühle die Realität erschaffen (Econ-Ullstein-List 2011)

Bas Kast: Der Ernährungskompass (Bertelsmann C. 2018)

Ichiro Kishimi: Du musst nicht von allen gemocht werden (Rowohlt TB 2018)

Marie Kondo: Magic Cleaning (Rowohlt TB 2019)

Mark Manson: Die subtile Kunst des Daraufscheißens (MVG 2017)

Charles Pepin: Sich selbst vertrauen (Hanser 2019)

Kay Pollack: Für die Freude entscheiden (Irisiana 2014)

Alexandra Reinwarth: Glaub nicht alles, was du denkst (MVG 2019)

Phakchok Rinpoche: Radikal glücklich (Kailash/Sphinx 2019)

Anthony Robbins: Das Robbins Power Prinzip (Econ-Ullstein-List 2019)

David Schwartz: Denken Sie gross (Ariston, 2017)

Laura Malina Seiler: Mögest du glücklich sein (Knaur 2020)

Ralf Senftleben: Entdecke deine Willenskraft (Gräfe und Unzer 2019)

Jen Sincero: Du bist der Hammer! (Ariston 2017)

Michael A Singer: Die Seele will frei sein (Econ-Ullstein-List 2016)

Stefanie Stahl: So stärken sie ihr Selbstwertgefühl (Ellert&Richter 2019)

Katharina Tempel: Gib dir die Liebe, die du verdienst (Gräfe und Unzer 2019)

Eckhart Tolle: Jetzt! Die Kraft der Gegenwart (Kamphausen 2019)

Jean-Pascal Ansermoz wurde als Schweizer im
September des Jahres 1974 in Dakar (Senegal)
geboren. Er ist einer, der mit Leichtigkeit über den
Röschtigraben springt, schrieb er doch bis 2009 nur
in französischer Sprache. Weltenbürger, Romand
und Deutschschweizer in einem: ein Autor mit
Hang zum Kriminellen, aber auch zu Poetischem,
Literarischem, Alltäglichem und Besonderem.

Mehr Infos unter: **www.jeanpascalansermoz.ch**